今村 均

敗戦日本の不敗の司令官

岩井秀一郎
Iwai Shuichiro

PHP新書

序　国破れて名指揮官あり

今村均という陸軍大将

今村均《いまむらひとし》は、大東亜戦争（太平洋戦争）開戦時に第十六軍司令官として活躍し、最後は要衝ラバウルで第八方面軍司令官として終戦を迎えた陸軍大将である。

開戦時、蘭印（オランダ領インドネシア）を攻略し、温情主義的な統治によって成功を収めた。第八方面軍司令官時代は、大東亜戦争の転機となったガダルカナル島からの撤退を指揮した。その後はニューブリテン島のラバウルを要塞化し、徹底的な自給自足体制を整えて連合軍の反攻に備えた。第八方面軍の構築した要塞は連合軍の攻略を躊躇させるほど強力なものであり、とうとうラバウルは連合軍の上陸を見ずに戦争の終結を迎えた。

結果として日本は戦争に敗れてしまったものの、今村のいるラバウルは最後まで統率を全うしたのである。敗北した戦争において、「常勝」の指揮官という呼び方はおかしいかもしれない。しかし、少なくとも今村は自らの権能の及ぶ範囲においては「不敗」の指揮官だったといって良いだろう。

そして、戦争が終わっても今村は指揮官の責任を放棄しなかった。戦後オーストラリア軍の戦犯裁判によって禁錮十年の判決を言い渡された今村は、昭和二十四（一九四九）年に巣鴨拘置所へと移される。虜囚の身としてではあるが、今村は帰国出来たのである。家族も会いに来ることは出来た。しかし彼は旧部下がパプアニューギニアのマヌス島の劣悪な環境で収容されているのを見過ごせなかった。今村は、誰もが戻りたかった祖国に帰ってきたにもかかわらず、志願してマヌス島へと向かった。

今村はマヌス島の刑務所でも部下を励まし、寄り添い続けた。収容所が閉鎖されるまで同地に留まった今村は、最後まで指揮官としての役割を全うしたのである。戦後、こうした今村の態度は人々の間にも知られ、悪評が先行する軍人たちの中で数少ない名将、仁将として尊敬を受けた。指導者としての今村は、軍隊がなくなった戦後でも多くのリーダーの理想となった。今村は乃木希典に深い尊敬の念を抱いていたが、今村自身もあるべき指導者の姿として仰がれた。あるいは今村の人格面に「古き良き日本人」の姿を見出し、あるいはその近代的なリーダーシップを参考にしたのであろう。

敗戦と没落、戦時期の日本と令和日本

大東亜戦争はいうまでもなく日本の敗北で終わった戦争である。昭和十六（一九四一）年十二月に米英を主敵として戦端を開くも、昭和二十年の八月にポツダム宣言受諾を決断し、九月に降伏文書に調印して連合国に降伏した。当然ながらその「失敗」について多くが語られ、様々な角度からの研究・調査が今も行われているが、最初から負ける戦であったという結論が多勢のようである。

資源のない国家が急激に経済成長を遂げる中で生じた貧困格差による社会不安など、日本を戦争に至らしめた要因は複雑で多岐にわたるが、ともかく、軍事・経済力から考えれば、戦争を起こす前から、米国には勝つことは難しい、とわかっている政治家や軍人も実際にいたからである。しかしながら、結果として、日本と日本人は戦争に進み、悲惨な敗北を遂げることになってしまう。

司馬遼太郎が示したように、明治期の日露戦争が「坂の上の雲」に届く時代であったなら、その後、一度大きな坂の上に登ったこともあったかもしれないが、気づけば、ずいぶんと低き地に身を置いている。この眼前に見える下り坂は、見通しがきかないほど暗い。そんな状況が今なのかもしれない。戦後のどん底の状況から八十年近くの時を超えて、今、日本は「敗戦」の入口にいるのかもしれない。

「失われた三十年」の停滞は衰退への序章であり、今は「衰退途上国」という表現が無視出来ない現実に向きあっている。現在も一部の大企業が円安で潤ってはいるが、スイスIMD（国際経営開発研究所）による「世界競争力ランキング」などの指標をみれば、それは明らかである。金融敗戦のあとに、デジタル敗戦という言葉が闊歩したのはつい最近だが、経済・産業のあらゆる面での衰退、すなわち敗戦という現実に直面しているのである。

現代の視点でみた「今村均」の資質と能力

歴史は「循環的、反復的」なものだという。[1] ならば、今の時代に、敗戦色濃厚な大東亜戦争末期に何らかの学びを得ることは意義のあることだろう。

負け戦という、自分が置かれた境遇をあるがままに受容して、そのうえで、精一杯自分の役割や責務を全うする――。そうした今村の生き方を取り上げた書物は少なくない。中には今村旧知の人々に取材したものもある。

今村と同世代の人々の話を聞くことは現在では不可能であり、そうした人々の証言によって成り立った伝記類は貴重である。だが、時代が経てば新たな史料の発見、研究の進展もある。幾度も書かれてきた著名な軍人の姿を、現代の視点から照射すると、どうなるのか。筆者は、今村の真価は、より一層はっきりするものになると思えてならない。

確かに、ビジネスにおけるリーダーの在り方、働き方もかつてとはだいぶ異なるものになった。だが例えば近年重視される「チームの心理的安全性」というような考え方や、「フィードバック」や「1 on 1」に相当する部下指導を重視する指導者がいなかったはずがない。そうしたビジネスの最新技法も、結局は組織運営のための手法でありツールであって、使う側の人間の根底にある人生観や仕事観に基づく人間性によって、それが強力な武器ともなれば、役に立たない道具にもなりうることを棚上げすべきではないはずだ。

今村の部下の一人だった高嶋辰彦（当時大佐）は、こんな回想を残している。


将軍の統率は、任せっ切りのロボット型ではない。かといって独裁専断的なワンマン型でもない。（中略）むしろ、四角ばった意見具申や命令・指示案となる前に、機会あるごとに部下と懇談・雑談を交え、その間に将軍の考えを分からせるとともに、部下の敵情判断、用兵対策、そのよって来る性格・力量・特質等を察知し、お互いの考案をなるべく大体一致させておくという流儀であった。(2)

本書の結論を先に述べるようだが、今村の統率方式は「極端に独裁的で先制的な方式ではなく」「自由放任的な統率方式」でもなく、「いわゆる民主的な統率方式」であったようである。(3)

今村が、明治に生まれ、軍隊という環境の中で育ち、数万人の命を預かって戦争を戦い、つねに死を覚悟していた人間である以上、現代を生きる我々には共感出来ない部分もあって当然である。しかし、その指揮統率方法を通じてみえてくる姿が、今もって、日本人が目指すところの生き方の一つの指標であるように思えてならないのである。

多くの軍人たちとの関係性を掘り下げたのは、そのことで、今村という指揮官の姿をくっきりと映し出すことが出来ると考えたからである。そうした意味を含んでの「指揮官としての資質と能力」を、今村均という一軍人の生涯から探りあててみたいと思う。

なお、今村の幼年期時代についてはその性格上、多くを本人の回顧録によったことをお断りしておく。特に註記のない場合は、『私記・一軍人六十年の哀歓』または『続・一軍人六十年の哀歓』からの引用である。引用は、全般に、旧漢字、旧かなづかいは現代のものに直し、適宜改行と句読点を打つようにした。

目次

今村 均――敗戦日本の不敗の司令官

第三章 指揮官としての成長

第四章 大東亜戦争はじまる

第一章
文学少年から軍人へ

今村均が軍人の道に進むきっかけとなった青山練兵場での陸軍観兵式
出典：高島信義編『日本陸海軍写真帖』史伝編纂所（国立国会図書館デジタルコレクション https://dl.ndl.go.jp/pid/843187）

幼少期

今村均は明治十九（一八八六）年六月二十八日、宮城県仙台市で父虎尾、母清見の次男（他に姉二人）として生まれた。

父は裁判所の判事をしており、仙台から山形、白河、酒田と異動が多く、明治二十五年には山梨県の鰍沢《かじかざわ》に転任している。今村は「私のもの心というものは六歳の時に富士川べりの鄙里、鰍沢で目覚めたものらしく、その後の出来事は何かと思いだされる」と述べており、この地で過ごした日々が今村の自我形成に大きく影響していることがわかる。

さて、今村は鰍沢で小学校へと入学するが、この当時彼を悩ませ、またその人格形成に大きな影響を及ぼしたのが夜尿症である。夜尿症、いわゆる「おねしょ」だが、現在では七歳児で夜尿症の子供は一割程度といわれており、そのほとんどが成人までに治癒するとされている。男女比率としては、二対一で男児の方が多いらしい(1)。

当時は、夜尿症の認識が現代とは違っていた。今村によれば、「夜中に小便に起きる面倒をずるけるため、床の中でもらしてしまうもの」と考えられており、母に叱られたり兄姉や友だちに辱められた。ある時などは母に汚れた布団を被せられ、「さあ、どこにでも出ていきなさい。もうおうちに置かない」と言われ、裏木戸から追い出されてしまったという。

これだけ厳しくされても、均少年は母が汚れた布団を掃除しているのを見ているので母を恨むということはなく、「やっぱりおれが悪いのだ」と思っていた。そして九歳の時肋膜炎で二カ月ほど病臥し、睡眠中尿意を催すと目が覚めるようになった。母の喜びは大変なもので、「よかったね、よかったね」と言って子供向け雑誌をいくつも買ってくれたという。現代からすれば母の今村への対応は酷な気もするが、まだ明治のことである。子供への教育、医学の知識、さらには様々な家事に多大な時間を要することを考えてみれば、止むを得ない態度だったのだろう。

しかし、それでも今村の夜尿症は完全に治癒したわけではなかった。後年の今村はどちらかといえば丸顔、ふくよかな相貌をしていたが、十八歳で陸軍士官学校を受験した時は痩せ気味だったという。身体検査をした軍医官は今村を診て、「痩せているな。近頃何か病気でもしたかい」と言い、今村本人が「不合格だな」と思ったほどだった。

結局、今村の夜尿症は治らなかったばかりか、この悩みから自分で振り返っても生涯に渡る大きな影響を受けるのだった。

私の性急短気、些細のことにすぐ腹を立てたり心をみだしたりする性癖は、三つ児の魂時代から〝寝小便たれ〟の悪口に昂奮しつづけたものがついに第二の天性になってしまい、それに寝小便は治っても、夜間の尿意の頻発が神経をいらいらさせるためのものか、今だに治り得ないでいる。

今村の人格陶冶

今村が、「第二の天性になってしま」ったとまでいう「性急短気」な性格は、後年の彼の評価とはだいぶ違った印象を受ける。例えば、大東亜戦争初期に第十六軍司令官として指揮を執ることになった今村について、陸士、陸大ともに同期の松室孝良（少将）は新聞に次のように語っている。

彼の性格は一言していえば勤直な人情家で、円満玲瓏な人柄はあらゆる人から敬愛され、彼のいるところはいつどこでも春風駘蕩とした雰囲気を漂わせた、非常な人情

家で同僚や部下などには真実からの世話をした。(2)

もちろん戦時中に書かれた新聞記事として割り引いて読む必要はあるが、親しい友人の言葉として今村の評価が「非常な人情家」であるということには注目していいだろう。

さらには戦後、それも終戦から六十年ほども経た平成十六（二〇〇四）年、ラバウルで負傷して左腕を失った元兵士の証言が新聞記事に出ている。その兵士は今村と鉢合わせするような形で会っただけに過ぎないが、「大将はいい人でしたね」とその印象を述べている。(3)兵士の名は、水木しげる。いうまでもなく、「ゲゲゲの鬼太郎」で国民的な知名度を得る漫画家である。

松室と水木、今村と二人との関係性は全く異なる。一方は青春時代を共に過ごした友人、一方は戦場ですれ違った程度の関係しか持たなかった末端の兵士。しかし、二人の今村評には似通ったものがあるという事実は注目していいだろう。

特に水木にしてみれば、今村が最高司令官をつとめる戦場で生死の境をさまよい、左腕まで失ってしまったのである。むしろ恨みに思っていても止むを得ないぐらいだろう。それでも、彼は今村を「いい人」と述べた。松室がいう、「春風駘蕩」という雰囲気を、水木もまた感じたのかもしれない。

こうして今村の評価をみてみると、本人が自分の性格を「性急短気」と述べていたのは謙遜のようなものではないかと思えてくる。

しかし、今村の性格については別の証言もある。今村が陸軍省兵務局長時代(昭和十三年)、同じく陸軍省の軍務局軍事課で予算班長をつとめていた西浦進は今村について「下の方から見て、聊か神経過敏な性格の将軍ともとられていた」と述べている。(4) 西浦は続けて「その真価は高級指揮官として発揮せられた。下のものの観察の間違いか、または日とともに大成されたものか」とも記している。(5) 今村が陸軍中央にいた時には、少なくとも下からは「神経過敏」な人物としてみられていたのである。

これはやはり、今村本人が反省しているように、「性急短気」な性格はなかなか直らなかったということだろう。今村もそれを気にして自分の性格を矯正しようと努力し、少なくとも周囲にはその努力が成果としてみえていた。それが、軍官僚として神経を使う仕事をしているとどうしても表に出てしまった、ということではないだろうか。

つまり、今村の人情家、春風駘蕩とした人柄といったものは生まれつきの性質というよりも、彼が努力して自分自身を陶冶した結果だったといっていいだろう。そして今村にとって、最もその人柄が生かされる場所こそ、部隊指揮官としての立場だったのである。

小学校時代

話を戻したい。今村家は父の転任に伴い、山梨県鰍沢から同県内の甲府へと移った。彼の兄や姉は師範学校附属小学校へと転入したが、均少年の学年は空きがなく、市立の小学校へと入ることになった。校舎は男女別に分かれ、男子校舎は巧町にあった。

学校での今村は、当初あまり良い生徒ではなかった。鰍沢の小学校での担任の先生は今村を一度も叱ったことがないらしく、そのおかげで今村は授業に集中しなくなってしまった。それが新しい小学校では災いし、他の生徒は真面目に黒板を見ているのに、今村だけはよそ見をするようになっていた。

今村がよそ見をするたびに先生は教壇から笞《むち》を向け、「今村！　よく黒板を見ておれ」と叱った。言われた直後は態度を改めるものの、またすぐよそ見をする。するとまた「そら。またよそ見をする。たった今、黒板をよく見ておれと注意したばかりじゃないか」と注意されてしまう。

今村はあまりにも叱られるので学校をサボったり、先生が与える罰から逃げ帰ったりする始末だった。叱られ過ぎるせいで落第かもしれないと思ったほどだったが、無事小学校三年生へと進級した。今度は「志賀先生」という理解ある教師が担任となり、気やすさを覚えるようになった。今村は特に唱歌を褒められ、歌うことが好きになったという。

そして今村が進級した年、日本と清国の間で日清戦争が勃発する。戦争の様子は錦絵に描かれ、今村もそうした錦絵を欲しがった。母は軍人の娘であったことからか、今村のねだるものをほとんど買ってくれたという。

ある日、今村は日本の軍人が左手に中国人の子供を抱え、右手で軍刀を振りかざして戦っている錦絵を買い、学校に持っていって先生にみせた。志賀先生はこれを他の生徒にもみせ、次のように述べた。

「この軍人さんが松崎大尉という人だ。部下を指揮して進んでいるとき、戦場の草むらの中からオギアオギアというあかん坊の泣き声がきこえて来た。よく見ると、戦地の避難民が棄てていったのだろう、ちっちゃい布団の上で生れて幾月もたたない男の赤ん坊が泣いている。（中略）どうしたものかとしばらく考えたが〝とても可哀想だ。抱いていこう〟と決心し（中略）国と国との戦さでも、敵の軍人でない人民は皆、この松崎大尉のように親切にいたわってやるのが日本人の本当の心だよ。このことを忘れんで覚えておいで」

こう話した後、志賀先生は軍歌である「松崎大尉の歌」を教えてくれた。

こうして今村は様々な軍歌を習っているうちに、嫌っていた学校が好きになり、唱歌以外の科目にも興味を覚えるようになった。成績も良くなり、四年に上がる時には良い席順で上がることが出来たという。

後年、今村が大東亜戦争時に行なった軍政を考えれば、この時志賀先生が教えてくれた、敵であっても「親切にいたわってやるのが日本人の本当の心」という話は、彼の人生に大きな影響を与えたといえるだろう。

軍人へ

十三歳になった今村は、県立甲府中学校へと入学した。しかし十四歳になるとまた父の仕事の都合によって一家は新潟県の新発田《しばた》へと移ることになった。

今村にとって、新発田での生活は生涯大切なものとなった。この場所で多感な四年間を過ごし、また父を失うという大きな出来事も経験している。今村いわく、父の死によって一家は窮迫したが、「新発田の人たちの同情ある恩誼に浴し」、弟妹ともに学業を続けることが出来たばかりか、大東亜戦争中は留守宅を疎開させ、ひとかたならぬ世話になったという。

今村は明治三十七（一九〇四）年三月に中学校を卒業したが、その直前の同年二月、日露戦争が勃発する。さらには、父の虎尾もまたこの年五月に死去し、今村は進路の選択を迫られることになる。

この年の四月、病床にいた父に対して今村は、東京の第一高等学校（現在の東京大学教養学部）と高等商業学校（現在の一橋大学）に入学したい旨を伝え、試験勉強のために上京の許しを得ようとしていた。父母ともに最初はこれに難色を示したものの、今村はなんとか説得し、小石川区（現・文京区）茗荷谷にある叔父の家に同居することになった。父の死は、その矢先のことだったのである。

父がいなくなった影響は大きかった。当然ながら実家より学費を受けるあてがなくなった今村であるが、志望を変える気はなかった。実は、同年の一月に中学校の校長から、地元の資産家で貴族院議員（多額納税議員）から学費を提供する、との申し出を受けていたのである。今村はこの話を試験に合格するまで家族に伝えないように校長に頼んでいた。

ところが、それが学校の書記によって母に知られてしまった。父の葬儀を終えて再び上京した今村に対し、母は強い反対の手紙を送った。今村によると、

「他人のおなさけで学問をつづけることは、そのおかたにつかえてしまうことになる。万一その人がなにかのことで学費が出せなくなれば半途で学校をやめなければならず、かりにそのおかげで卒業したとしても、そのひとに不幸が見舞ったりしたときは義理にも補助していただいたものは返済しなければなりません。そうなれば、お父さんが友人の借金に連帯の印をおしたばっかりに、一生涯うだつの上がらない貧乏におちいった二の舞を演ずることになる。わたしはかたく反対します。それに今日本のお国はロシアとの戦争で、お国がおこるか、滅んでしまうかの大変のときで、満州ではたくさんの兵隊さんがお国のために命をささげて戦っています。家からは武田のお兄さん（姉婿）が出征はしていますが、五人もの男の子がひとりも戦さに出ないではお国に対する義務を欠くことになる。あなたのおじいさんは、父かたも母かたもどちらも軍人だったのです。現役兵を志願するなり、士官学校にはいって将校になるなり

して、どうしても戦場ではたらきなさい」

母は今村が学費を他人から受けて進学することに反対したばかりではなく、「軍人になれ」とまで述べてきたのである。そればかりではない、遂には父と親しかった新発田地区の連隊副官に相談して士官学校への願書を作成し、今村の印までつくって捺印して提出してしまったという。

さすがの今村も、これには悩んだ。全く違う志望先を母に要求されたばかりか、勝手に願書まで出されてしまったのであるから、当然だろう。

進路に悩んでいた今村は、ある時青山練兵場で観兵式が行われることを知り、ためしにこれを拝観しようと思った。当日、今村は早起きして式が開始される二時間前に会場についたが、すでに観覧席は多くの民衆に占められていた。今村は、会場に入れないその他多くの民衆と共に立ち続けた。

定刻になると、明治天皇の行列は儀仗隊を先頭に練兵場に入ってきた。そして一時間ほどして式を終えた明治天皇が再び儀仗隊を先頭に会場を出ると、待ち構えていた群衆の間から「万才」「万才」の声が沸き起こり、群衆は洪水のように天皇の馬車へと向かっていった。

護衛の警官や憲兵の制止ではどうにもならず、儀仗隊すら天皇の馬車と切り離され、群衆は馬車を囲んで頬に涙を伝えながら「万才」を叫び続けた。今村は群衆にもまれて最前列に押し出されてしまい、馬車近くで天皇の顔を見ることになったのである。

静かな御顔は、御心が満たされたかのようなまなざしで、御車の窓を通して両側の民衆におおどかな御うなずきの挨拶を賜うておられる。

ようやく歩兵部隊の到着で群衆が馬車から離されても、なお彼らは「万才」を連呼しながら涙を流していた。

この思わぬ偶然に遭遇した今村は、「嗚呼。これが日本のお国柄だった」と、「君民一体の大家族国家を感銘させられた」のであった。彼は家に帰る途中郵便局に立ち寄り、母に電報を打った。

「陸士受験する。不合格だったら現役兵を志願する」

今村は、「私の軍人としての生涯は、このときの感激からはじまったのだ」と回想する。

こうしていくつかの偶然が積み重なり、今村はそれまでほとんど考えもしなかった軍人の道へと歩み出すのである。

第二章

昭和動乱の中で

東京・市ヶ谷の陸軍士官学校（今村均は19期生）
出典：『東京風景』発行者・小川一真（国立国会図書館デジタルコレクション https://dl.ndl.go.jp/pid/764167）

士官学校への入学

明治三十八（一九〇五）年四月、今村は新発田の将校集会所で士官候補生の採用試験を受けた。この前月の三月には日露戦争で最大の陸戦である奉天の戦いが起き、翌五月には日本海海戦が起きるという、まさに戦争の熱が最高潮に達した時だった。

第一日は身体検査、第二日から四日間に渡って学科試験が科される。今村はこの時夜尿症などの影響があったのか痩せ気味で身体も小さく、他の受験生と比べて自分の体格に引け目を感じていた。あれほど決意して士官学校を受けたにもかかわらず、「不合格にきまっている」と最初から諦め気味になるほどだった。

そして前述のように軍医から「近頃病気でもしたのかい」と尋ねられたはしたものの、痩せていること以外に問題はなく、身体検査は無事パスした。

学科試験では集会所の大広間に机が二十ほど並べられ、その机に受験生が二人ずつ座って和紙に毛筆で解答を書くようになっていた。この時、今村の隣に座っていた大柄な青年が昼食時に今村に挨拶をしてきた。「僕は、佐渡中学出身の本間と云うのだ」と名乗ったこの青年こそ、のちに今村と同じく大東亜戦争にて軍司令官となり、比島攻略を担当した本間雅晴である。本間の運命は今村と異なり、戦後マニラ軍事裁判にかけられて銃殺刑となってしまう。

さて学科試験であるが、今村自身の感触では悪いものではなかった。特に代数や幾何などについてはすべて正解したとの感触があったという。

ただし、出来なかった問題もある。中でも、今村の記憶に残っているのは、理科の問題で「冬、枯れ葉が木から落ちる理由」というものだ。今村は「葉の生命がつき、死ぬので、木につかまっている力がなくなるため」と常識的なことを書くしかなかった。これについては、後年になってもなんと書くべきであったのか確認出来ていない。

もうひとつは漢文の試験で、「允《いん》文允武」の意味を書くというものだ。今村はこれが全くわからず、解答は書かなかった。帰宅してから辞書を引いて調べてみると、「文と武の両徳を備えている天子をほめたたえる言葉」とあった。「軍人志願の者がこのような言葉の意味を知らないでいたのは、いけなかったな」とうしろめたく思った今村であった。

それでも、今村の受験は成功した。六月下旬、母親から「陸軍士官候補生に採用す。七月十五日午前九時、在仙台市歩兵第四連隊補充隊に入営すべし」との陸軍省からの知らせが、転送されてきたのである。こうして、体格のことで軍人の望みを失いかけた今村であったが、見事に試験を乗り切って士官候補生となった。

候補生となった者は一定期間隊付勤務を経験し（この時所属した部隊を原隊という）、それから士官学校で学ぶことになる。[1]

士官学校時代の人々

今村の期は、士官学校の第十九期にあたる。この期は、少し他と異なった特徴がある。従来、士官学校には各地の幼年学校（仙台、東京、名古屋、広島、大阪、熊本）から中央幼年学校を経るコースと、今村のように一般の中学校を卒業して受験後に入るコースの二つがあった。ただ、今村の期は幼年学校から士官学校へ入った者がおらず、全てが一般の中学校出身の生徒たちだった。

今村の同期で後に有名になる人物としては、先に紹介した本間雅晴のほかに田中静壱がいる。田中はのちにオックスフォード大学に留学し、駐米大使館付武官もつとめるなど、陸軍では珍しい英米通としての経歴を辿った。田中は今村と同じく陸軍大将に累進し、大東亜戦争末期には東部軍司令官として帝都の防衛に当たる。

彼を特に有名にしたのは、この東部軍司令官時代の活躍だ。昭和二十（一九四五）年八月十四〜十五日にポツダム宣言受諾に反対する一部の陸軍将校が近衛兵を動かし、宮城を占拠する事件が起こった。この時、部下を連れて宮城に乗り込み、事件の鎮圧に貢献したのが田中だったのである。彼は終戦後の八月二十四日に起きた別の反乱事件も鎮圧し、同日拳銃で自決した。

今村と田中は親しい友人の関係であり、陸士だけでなく陸大でも机を並べて勉学に励んだ。さらに、今村がイギリス駐在武官補佐官の時代も田中の英国留学期間と重なり、ロンドンで共に暮らした仲だった。

今村は、田中没後に編まれた伝記に一文を寄せている。今村は第一次世界大戦の後半（大正七年）にイギリス駐在となり、大正十（一九二一）年まで同地で勤務した。今村によれば、その間陸軍省では経費節減のために欧州の武官宛の電報を全てロンドンに送り、それを今村が各地へさらに転電することになっていたという。電報は暗号であり、今村はそれを全て解読、組み立てした上で各地へ送らねばならず、大変な手間だった。さらに当時ロンドンには数多くの陸軍武官が滞在しており、彼らが持ち込む雑事も裁かねばならなかった。ここで今村を手伝ってくれたのが、田中だったのである。(2)今村は田中について「人前で、おのれをよく見せようとすることを、最もきらいぬいていた」と称えている。(3)

同期生ではないが、陸士入校前から今村に強い印象を与えた人物に板垣征四郎がいる。板垣は仙台陸軍地方幼年学校の出身で、陸士は十六期。少尉として日露戦争にも従軍し、負傷した経験もある。今村が候補生として仙台第四連隊第三中隊に入営した際、教官を補佐するためにやってきた。今村によれば、板垣はその剣道や体操の見事さ、小隊長としての指揮ぶり、また闊達な気性から「連隊の華」と呼ばれてもてはやされていたという。今村はそんな板垣にかなり傾倒していたようで、毎週日曜日に板垣の下宿を訪れていた。

ある時、板垣の宅に訪れると、本人は留守だった。今村はかねてから板垣より「昼寝なり、本を読むなりして、待っておれ」と言われていたので、部屋に上がり込んでその場にあった禅の本を読み出した。二時間ほどして板垣が帰ってくると、今村は禅について板垣に質問した。「禅をやっておられるのでありますか」との問いに対し板垣は、

「戸山で、三、四回、釈宗演禅師から、禅と武士道、禅と剣、などの訓話を聞き、軍人の修養には良いものと思い、そのほうの本を読みだしただけだ。禅は、みっちり坐禅をやるのでなければ本当じゃないが、中隊の勤務では、なかなかその時間が得られん。夜分やってみるが、昼のつかれですぐいねむってしまう……」

　この答えを聞き、今村は板垣からその本を借りて読むことにした。二、三週間後に今村は借りた本の返却ついでに板垣にいくつかの質問をしている。今村は、楠木正成が湊川の戦いの前に禅師に教えを乞うたこと、上杉謙信と武田信玄が川中島で戦った際に禅問答をしたことを不審に思い、命懸けの戦いに際してそんなことをするだろうか、「粉飾した物語」ではないかと聞いたのである。板垣は答えた。

「科学の勉強では、一分一毛のくいちがいがないように、理づめに研究しなけりゃならんが、心の修行の場合は、事柄の中に含まれてる意義を知ることが大切だ。君の不審に感じた点は、大楠公の忠誠心や、戦国武将の仏道による修養と関連し、心理的に考えるものと思うな」

　今村にとってこの板垣の言葉はいつまでも記憶に残り続けた。今村はその後も禅の本を読み続けたが、読書だけではほとんど悟りのようなものを開くことは出来なかった。今村は自身を振り返り、「細事に拘泥し、すぐ興奮して、他に対抗しようとする性癖は、ほとんど矯正されないでいる」と反省している。今村は生涯に渡り、自分自身の「修養」を課題にし続けた。

それから数十年後、板垣は東京裁判で「A級戦犯」として有罪判決を受けてしまい、刑場の露と消えた。今村は、A級の刑死者の中で元首相、外相の広田弘毅と板垣の最期が「もっとも立派だったと、私は仰いでいる」と記している。(4)

居眠り

士官学校時代、今村を苦しめたのはやはり「夜の尿意」だった。さすがに布団で漏らすことは少なくなったようだが、夜中に三、四回はトイレに起きるため、いつも寝不足だった。学科を受けている時も眠気を我慢出来なかった。当然ながら教官に咎められ、自席に起立させられたまま講義を受けることを指示されたこともあったという。

「こんなに居眠り通しでは退校させられるかも知れない。そうなったら、ただいちずに私の卒業をたよりにしている母の失望は大きかろう」と考えた今村は、隣席の候補生に起こしてくれることを頼んだり、太腿に痛みを与えたりして眠気を堪えようと試みたが、うまくいかなかった。

そんなある時、東京の郊外で野外演習が行われた。今村の区隊は午前の演習を終えてとある農家の庭先で昼食を始めたのだが、庭の隅にある筵に赤唐辛子が干してあるのを見つけた。今村はとっさにこれを眠気予防に使おうと考え、家の主人に頼んでいくつかの唐辛子を分けてもらった。それ以来、唐辛子をズボンに忍ばせては時折千切って口に入れ、眠気覚ましに利用していた。

しかしある時、これが教官にみつかってしまう。それは砲兵大尉による弾道の数学的説明を受けている時に起きた。今村は、教官が竹笞で黒板に書いた弾道の図を指しながらしゃべっているのでみつからないと思い、唐辛子を口に入れた。ところが、教官は笞を持ったまま教壇から降りて今村の机の前までやってくる。

「居眠りばかりして、その上教室で物を食う。不届き者め。口に入れたものを出せ」

黙然としている眼がしらが辛味で刺激され、涙が浮び出た。

「出せと云ったら出さんか。叱られて涙を見せる軍人がどこにある。命令じゃ、口に入れたものを出せ」

だが、今村がしぶしぶ口中から唐辛子を出してみせると教官は妙な表情をみせ、「なんだ。そんなものか……」とつぶやいて教壇に戻り、再び講義を始めたのである。しかもこれ以降、今村の居眠りは叱られることがなくなったという。

それから時が経ち、今村が陸士、陸大を出、中隊長も経験した後に軍務課員となった時のことだった。四谷に引っ越してきた今村は、周辺の家に挨拶回りをしていた。するとそこで、士官学校時代に今村が唐辛子を口に入れているのを咎めた教官の家をみつけたのである。今村は早速その家を訪ねると、元教官の岩尾惟文にすすめられ、家に上がることになった。そこで今村は、例の件を尋ねた。

「時におうかがいしたいことがあります。士官学校での私の居眠りのことについてですが……」

そういうと、大声をあげて笑いだし、

「唐辛子のことじゃないか」

「そうです、あれから教官全部が私の居眠りを咎めなくなりましたが、どうした訳だったのでしょう……」

真相はこうだった。実は岩腰は今村の唐辛子をみつけた後に一度、教官会議にその件を諮ったことがあった。岩腰教官は唐辛子の件を語り、「ああまでして眠るまいとしても眠ってしまうのだ。頭のどこかに病気があるのかもしれない」と擁護した。すると他の教官からも話が出る。今村は居眠りをして度々叱られたり退出を命じられたりはするものの、試験ではいつも良い点（時には満点）を取る、その教官が他の科目を調べてみるとやはり良い点数だった。となると、落第生というわけではないから、わざと居眠りをしているのではないか、とも思ったが、「毎時間好んで叱られるようなこともすまい。僕もあれの居眠りは病気だと思う」と述べたのである。

こうして、打ち合わせたわけではないが、「病気のものを咎めだても出来まいという気持ちに、皆がなったわけさ」ということだった。理由は違うものの、教官たちも今村の居眠りが身体の異常に関するものだと気づいていたのである。

厳しい生活と友情

陸士での生活は、通常官費で賄われる。ただし、散髪や塵紙、出かけた際の電車賃、また日曜日に外出した時の楽しみである下宿代を同じ連隊の人数で割った金一円五十銭などは、どうしても自分が出さなければならなかった。

それまで、今村は実家から三円の送金を受けていたが、それでも十分とはいえなかった。そこへ、弟の安が仙台の陸軍幼年学校に入ったという知らせを受けた。(5) こちらも、自分で使う金は当然ながら自弁せねばならず、母が内職で賄うことになった。

しかし、手内職だけでは兄弟のこづかい全てを賄うことは出来ない。母は、兄弟で相談してそれまで送金していた三円を折半するなりしてくれと手紙をよこしたのである。今村は悩んだものの、「入学早々の弟に不便を見せることは、母の云う通り、可愛そうに思われる」と考え、「日曜下宿から脱退して、もうそこには行かないことにしよう。理髪と塵紙代だけにし、日曜の外出もやらないことにする」と決断した。

こうして、なるべく自分は節約することで母の負担を減らし、弟には幼年学校の規定通りの金額を、自分には二カ月に一度、一円を送ってくれ、と返事を出したのであった。

今村は自らの我慢によって母にこれ以上の負担をかけないようにしたのだが、返事を出した数日後に甲府小学校、新発田中学校で共に学んだ高橋米太郎という青年から手紙が届いた。要旨は、本郷の牛肉屋で同窓会をやるから一緒にいこう、というものだった。当然ながら、今村には同窓会に出るような金はない。事情あって参加出来ない旨を返信するしかなかった。するとその週の日曜、その高橋米太郎本人が直接士官学校へと訪ねてきた。「出席しないと、云うてやったのに……」という今村に対して、高橋は「だからさ。ちょっとした事情って何だい」とわざわざ聞きにきたのである。

今村は高橋とは格別に親しく、何でも話せる間柄だった。そこで、わざわざ訪ねてきてくれた友人に、母からの手紙と自分が節約をやむなくする理由を話したのである。

「不便は不便さ。だがそれだけのことだ。ひとが遊んでいる一日、学科勉強が出来る。心配事じゃないから、案じないでくれ給え」

「そうか。安君、幼年学校に入ったのか。そりゃよかった。だが一週一度の外出までやめては気分転換によくないな。僕の役所からの手当は下宿料や交通費をはらっても、幾分余る。ともかく、いくらか小為替にして送る。足りないときは云っておくれ。くふうしてみるから……。今日の会費は僕が出す。みんなが、君から陸士の話をききたがってるのだ。行こうよ」

高橋はここまで言って誘ってくれたものの、結局今村は同窓会には出席しなかった。しかし、この時以降彼は俸給から一円五十銭を今村に送金してくれることになり、日曜下宿をやめずに済んだのであった。

高橋は陸地測量部の技手として働いていたが、給料はそれほどでもなかった。その中から、親友とはいえ他人のために毎月送金してくれたのである。今村は少尉に任官してから分割して金は返したものの、「それは形式上のこと」として友情に報いられずにきたことを悔やんでいる。

明治の終わり

今村は、居眠りや金銭のことで悩まされつつ、本人の努力と周囲の理解もあり、士官学校を無事に卒業した。明治四十（一九〇七）年六月のことである。卒業後は仙台の原隊である第二師団歩兵第四連隊第十二中隊付となった。今村はまず、ここで見習い士官として将校のいろはを覚えた。

明治四十三年四月になると、第二師団は第六師団と交代して朝鮮へと赴く。当時日本が統治していた朝鮮で、第二師団は治安維持の任務についた。今村は、朝鮮の羅南で中尉に進級している。外地での勤務は本俸の他に手当がつくが、今村は本俸は全て母に送っていた。それでも夜遊びなどに興じなかった今村の懐には余裕が出来、蓄音機とレコード五十枚ほどを買い求めた。今村は無趣味だったわけではない。囲碁、将棋、玉突き（ビリヤード）なども好きだったが、陸大受験のために勉強しなければならず、そうしたものを楽しむ時間がなかったという。

今村が購入したレコードの多くは薩摩琵琶や筑前琵琶、あとは詩吟などだった。時にレコードをかけながら吟じることもあり、こうした趣味について今村の評伝を書いた角田房子は「いかに明治末期とはいえ、何という素朴さであろう！」と評している。(6) 現在とは時代が違うとはいえ、今村の趣味は質素なものであった。

今村が朝鮮から内地に帰った明治四十五（一九一二）年七月三十日、かねてから病に臥せっていた明治天皇が崩御した。興隆する日本近代を象徴する人物であるのはもちろんのこと、今村の軍人への道も、明治天皇への国民の賛仰を目の当たりにしたからこそのものであった。間接的とはいえ、今村の人生に大きな影響を与えた人物である。

同年九月十三日には「大葬の礼」が行われた。今村はその二日後に仙台の北側にある「台の原」という丘で自身の中隊の中から三十数名を連れて演習をしていた。昼食時に頂上で休んでいると、従兵の須藤初五郎一等兵が駆け上がってくるのが見える。駆け上がってきた従兵は息を荒くし、衝撃的な事件を伝えた。

「中尉殿！　明治陛下の御あとを追い、乃木大将閣下がご殉死なさったことが、発表されました」

と云う。息切れの語勢や調子から、一層の感激がこめられているように聞かれた。

「ああ、そうか……」

崇源の気に打たれ、しばらく沈黙をつづけた。

「乃木大将閣下」は、いうまでもなく日露戦争時に第三軍司令官として活躍した乃木希典である。乃木は、明治天皇に殉じて夫人と共に自決したのであった。この従兵は今村と一緒に乃木が詠んだ漢詩のレコードを聞きながら、共に吟じた兵士であった。こうして「明治」という時代は文字通り去り、時代精神を体現するかのような将軍もいなくなったのである。

ついでながら、今村は多数の明治育ちの軍人たちがそうであったように、乃木の崇拝者でもあった。後年、作家の司馬遼太郎が作品中で乃木を批判した際（その乃木批判に行き過ぎがあったことは現在よく知られている）、乃木を擁護している。その中に次の一文がある。

戦略、戦術に長ずることは勿論軍司令官に必須の条件ではある。が、この部下の衆心一致を得る点も、軍司令官の能力を評論する場合欠かしてはならぬことと私は理解しているのである。

今村の考える、あるべき「将軍像」を考える上で重要な一節であろう。

陸大受験

明治が続いていれば四十五年十二月となるはずだった大正元（一九一二）年の十二月、今村は陸軍大学校へと入学した。陸大は将来の軍を担う人材を育てる教育機関である。中枢を担う人物はここから出ていた。

陸大に入学するためにはまず最初に筆記試験があり、その合格者に再審の口頭試験が行われる。今村は四月に筆記試験を受けて一度仙台の連隊に帰り、八月ごろに合格通知を受けた。十月下旬から十一月上旬にかけての秋季演習には参加せず、さらに中旬になってから東京へ赴き、姉婿である武田少佐の家に居候することになった。

今村は、ここでも板垣の下宿を訪ねたり、陸士の教官に直接試験対策の教育を受けた（板垣も陸大受験生であった）。東京に着いた日、義兄の武田少佐に紹介されたのが、前年陸大を主席で卒業した梅津美治郎大尉である。梅津は、その年三月まで武田の大隊で中隊長をしていた。少佐いわく、梅津は「人格も立派な人」であり、義弟の今村が陸大受験をすることから「戦術の指導をしてくれないか」と頼んだところ、快く引き受けてくれたという。

少佐が今村の上京する日を梅津に告げたところ、梅津は「あすからでもよい。毎夕食後、渋谷の借家によこしてくれ」と言ってくれた。今村は他のことは板垣に色々と教えを受けていたが、戦術の対策についてはあてがなかった。そこでこの申し入れを「渡りに船」と考え、翌日から梅津のもとへ通うようになった。(7)

今村はそれから数日間、毎晩二時間ほど梅津の家で過ごした。梅津の出す質問に答え、間違った部分を指摘され、正解を提示されるということを繰り返した。八日目になると、梅津から「お墨付き」を与えられるようになった。

「もう二、三日で試験になるが、君はきっと、はいれると思う。もう誰からも教えられんでよい。むしろ頭をやすめるほうがよかろう」

今村自身は「はいれる自信はなかった」というが、この梅津の言葉で心に余裕が出来たという。そうして、試験当日を迎えた。

試験は一日で終わるのではなく、十日間に渡って行われる。百二十名の受験者が十等分されて十個の班となり、各班が一、二科目の試験を受ける。戦術は五名、その他は二、三名の教官が受験生一人を試問する。今村は、九日目までの科目を順調に済ませた。最後の十日目は、「人物考査」である。この時の教官は鈴木荘六（のち大将、参謀総長）吉岡顕作（のち中将）で、今村は自分の班で最後の番だった。試問に移ると、今村は中隊での勤務内容などについて問われ、答えていった。

「今村中尉は、連隊でどういう職務を勤めたか」
「中隊一年八ヶ月、連隊旗手二年、教育係一年」
「貴官は陸軍大学校令に規定されている、受験者資格を承知しているか」

「身体壮健。執務精励。志操が堅く、隊附勤務二年以上で、将来発達の見込みあるもの」

「貴官の実質的隊附勤務は、一年八ヶ月に過ぎない。二年以上の隊附とはいえない」

教官は今村の勤務経験を鑑みて、「受験資格」に疑問を呈してきたのである。試問はさらに続く。


「連隊旗手の職も、隊附勤務であります」

「大学校が二年以上の隊附勤務と規定している精神を、どう考える」

「軍隊の実情に通じ、部下を指揮する能力を持つ者を、めあてにしているものと考えます」

「その通りだ。だから貴官は、実質的には、まだ受験資格を備えていない。もう一年、中隊附勤務を勉強した上で、来年やってこい。なお今後の受験のため参考に聞いておくが、ことしの秋季演習には参加したか」

「参加いたしておりません」

「病気でもしていたのか」

「試験準備のため、早目に上京したいと思い、残留勤務を願いでて許されました」
「試験準備のために参加しなかったのか。秋季演習は、軍隊一年間の訓練の総しめくくりだ。大学受験は、命令によるものではあるが、半分は私的の志望によるものだ。私欲のために、もっとも大切な公務をないがしろにして、それで貴官が口にした受験資格中の勤務精励といい得るか。……さっきは、来年また受験しに来いといったが、精神を修養し、悪いところが改善されない限り、貴官はこの学校の入学試験を受けることが許されない。退場！」

思わぬことに、今村は落第どころか「受験資格なし」とまで言われてしまったのである。十二月だというのに冷や汗が流れ出し、弁解しようにも出来ず、もだえていた。そこへさらに「退場というのに、どうして退場しないのか」と大喝されてしまうのである。

真相

今村は、帰りの電車で考えた。連隊旗手が隊附勤務ではない、という意見にはどうにも納得出来なかったが、「秋季演習不参加が公務不精励であり、利己的行為であったこと」

は弁解のしようがないと思っていた。その晩は義兄と姉が慰めてくれたが、今村は改めて反省の弁を述べた。

「きょうというきょうは、実に大きい苦痛の打撃を、心に加えられました。よく考えますと、これは天が、私を罰したものです。私が親でもあるような、河内連隊長の恩寵に溺れ、兵隊錬成に生涯を捧げなければならない天職を忘れ、一身の栄達にも関係をもつ、陸大入学などをこころざした邪念を、天は憎まれたものでありましょう。もう陸大のことは、いっさい頭から払いのけて、懸命に、練兵に精進するつもりです」

今村は、連隊長が好意をかけてくれたことに甘えていた自分の姿を反省し、陸大への道を諦めようとしたのである。そして、合格発表の日がやってきた。陸大の当落発表は入校式の直前（十二月十二日）に受験者全員を集めて行われた。大講堂には陸大校長の大井成元中将や幹事の鈴木荘六少将などと共に百二十名の受験生が集められ、校長の訓示が行われた。

その後、校長の副官が「唯今より呼名されるものは、講堂のこちら側、呼ばれない者は、反対の側に集合せよ」と言い、名簿から受験生の名前を呼びはじめた。その中には、先輩の板垣征四郎、のちに大将となる山下奉文もいた。「この方の者が、合格者であることはまちがいない」と思った今村の名は、結局呼ばれなかった。そして呼ばれなかった六十名が別の側に並び終えると、副官は思わぬ発言をした。

「さきほど呼名された六十名は、遺憾ながら不合格。唯今より階下の経理室に行き、旅費を受領の上、各自の所属隊に帰還せられよ」

今村は己の耳を疑った。しかし、同じ側に並んだ人々は動かずにいるので、心の中で「変だな。変だな」とだけつぶやいていた。やがて、同時に入校する皇族の北白川宮成久王を迎え、入校式が行われた。

「絶対不合格」の烙印を押されたと思った今村が不思議に思うのは当然だが、真相が判明したのはそれから十四年経ってからのことだった。その時、今村は少佐になっており、参謀本部に勤務していた。その時の総長が、今村の口頭試問担当の鈴木荘六だったのである。

ある時、今村は鈴木が演習の視察に赴く際にこの時のことを聞いてみた。

「あの時分は、悪い風があり、再審の前には、受験者は秋季演習に出ないことが、本人も連隊長も、あたりまえのように考え、事実、あの年の受験者のほとんどが、そうしていた。それで、受験のために隊務をおろそかにする弊風を矯《たしな》める意味で、多くの者に、同じような質問を発して見た。君の場合は、あの時の態度がとくにみにくかったので、それで、覚えている」

つまり、あのように言われたのは今村だけではなかったのである。それでも、今村は「とくにみにくかった」という嬉しくない理由で覚えられていた。

しかし、これにはさらに理由があった。実は今村が口頭試問に入る前、教官の吉岡顕作が「今度はいって来る者は、合格になります。少し手きびしく、ためして見ましょう」と述べ、格別厳しく当たったのであった。そして実際に今村が陸大受験に関する態度を糾されれ、狼狽した風をみせたことから鈴木は「年も気持ちも若すぎる」からもっと精神を鍛えてから入れた方がいい、と述べたのである。

これを聞いた吉岡の方は、自分が「手きびしく」と言った手前気の毒になったのか、「入

れておいて、よく教えることにいたしましょう」ということで救われたのである。鈴木は、

「戦場ではおたがいに、相手の欠点弱点を突きあうものだ。あのときのことを忘れんで修練をつみ、とくに戦時には、一段と注意しなけりゃならんぞ……」

今村が口頭試問で厳しい質問を受けて「とくにみにくい」態度になったのは、やはり彼自信の自覚する神経質、性急な性格によるところだろう。

ともかく、こうして今村は最大の難関である陸大受験に通ったのである。

北白川宮成久王

前述のように、今村の期には皇族の北白川宮成久王が入学してきた。この成久王との間にも、一つの逸話がある。それは、今村らの卒業の試験の時だった。試験は参謀演習旅行の名のもとに行われる。二十人ずつ三班に分かれ、各班に四人の教官がつき、それぞれの能力を審査する。この班をさらに十人ずつ二つに分け、各自を対抗する部隊の指揮官や参謀役に分けて演習を行わせるのである。

今村は自分の所属する班の一方の軍司令官役（南軍）となり、参謀長役には成久王がついた。王は「なんでもいいつけ給え」と言ったが、さすがに皇族に対して命令を下す気にはなれず、「そばで御覧になっておられ、何か間違いをしていると、お気付きになりましたとき、御注意下さるよう、お願い申し上げます」と述べた。

今村らの班の教官は例の吉岡顕作中佐であった。今村の口頭試問の時、「とくに厳しく」と述べた人物である。この時は今村は口頭試問の際の裏側を知らず、三年間の陸大生活でも吉岡中佐の指導を受けたことがなかった。「受験の際厳しいことを言われた」という印象しかなかったのである。

そのせいか、演習中に吉岡教官に軍の運用を注意されても全くその忠告を聞かず、教官はさらに「不快の表情をおもてにし」、今村につっかかってきた。今村自身、自分の性格を振り返って「興奮性は、三十歳まえのその時分は、人並み以上につよかった」と述べており、「試験で落第したってかまわない」と思いながら演習を行なっていた。教官が大声をだせば、今村も同じく大声で反論した。

その日の演習が終わった後、今村は成久王に呼ばれ、その宿所を訪ねた。そこで今村は、王から「僕が見ていると、君はその北軍の敵を攻撃しているのではなく、吉岡試験官を敵として戦っている。それでは北軍には勝てないよ」と指摘されてしまうのである。今村は、ここで己の過ちに気がついた。

「まことにその通りでありました。あすからは、冷静に北軍と戦います。有難くお言葉を拝しました」

「お言葉じゃない。軍参謀長としての意見具申だよ」

成久王は、そう言って笑った。

英国駐在でみたもの

大正四（一九一五）年十二月、今村は陸大を卒業した。入学の際にあれだけ本人が危ぶんだにもかかわらず、卒業時は首席という見事な成績だった。

もちろん、陸軍に限らず「首席で卒業」が実際の社会でイコール有能な人材、というわけではない。しかし、今村に関しては士官学校で今村の四期下の尾崎義春（のち中将）が次のように証言している。すなわち、「陸大の恩賜組にもいかがわしいのがあるが、大将

はどこから見ても恩賜組のトップの価値はあった」と。(8)

卒業後の今村は原隊の仙台歩兵第四連隊の第十中隊長となった。世界的には前年八月に第一次世界大戦が起こり、日本も英国の要請に基づいてドイツに宣戦を布告している。ここで一年半ほど中隊長をつとめた今村は大正六年五月に陸軍大尉に昇進し、陸軍技術審査部附兼陸軍省軍務局課員として中央にやってきた。軍務局は陸軍省の中でも中心的な役割を担う部局であり、参謀本部では第一部(作戦)と共に陸軍の中枢ともいえる場所であった。

今村は、ここでも自分の性格によって周囲と衝突している。ある時などは長州閥の大物である田中義一(のち大将、総理大臣)参謀次長ともぶつかり、自分の興奮性を反省している。

翌大正七年四月になると、今村はイギリス駐在を命じられる。横浜から出帆した船には友人の本間雅晴もおり、途中一カ月ほどのアメリカ滞在を経て六月ロンドンに到着した。ここで今村はしばらくオックスフォード大学で勉強に励んだのち、駐英日本大使館武官補佐官となる。当時、まだ第一次世界大戦は続いており、大使館附武官と補佐官は英軍に従軍して西部戦線を視察することになった。そのため、今村が後任の補佐官に選ばれたのである。

今村は、大正十年八月に帰国するまで武官補佐官としてイギリスにおり、またドイツやフランスなど各地への視察へ赴いていた。その時の見聞から得た意見は、帰国後にいくつかの雑誌に発表されている。例えば、渡英の途中で視察した米国と英国の豊かさについて、日本と比較して次のような一文を記している（大正十一年）。少し長いが、左に引用する。

私共は布哇の繁茂せる砂糖畑を見たり、米国の無尽蔵に大きな大森林を見たり、汽車で何時間も駛《はし》っても盡きない大自然の塩の湖水の縁を通ったり、石油の大噴油を眺めたり、又英国に於て鉄や石炭が非常に多く且《かつ》それが皆な平地にあって、運搬に金が掛らないと云う便益を有するのを見ましたり、又雨量と湿気の関係で鉄道の枕木が、平均十年以上も持堪えると云うような土地に、大資源を有《も》って居る国々と比較して、如何にも我国土の貧しいのをしみじみと感ずるのです。我国は雨量が非常に多い為めに枕木は二三年しか持たず、又暴風雨の為めに汽車が不通となったり、田畑を荒らされるとは、殆ど毎年の例であります。現在では鉄、石炭、石油を持たない国は、到底強国の班に入ることが出来ないと言われて居りますのに、果してどれ程の鉄や石炭や石油が、我国にあるのでしょうか。又仮令あったとしましても、所謂炭山と申し、鉄山と申すように、皆な山の中にありまして、運搬費が非常に嵩張る不利があり、夏はまるで熱帯のように暑く、冬は風の関係で寒帯のように寒かったり、雨量の多いとは、殆ど世界に有名な程で（中略）土地には何等の資源が無く、瑞穂の国と云いながら、国民の一部は米も充分に戴けないのを見ましては、寧ろ日本は世界で有数の貧弱国と謂わなければならぬと思うのです。(9)

今村の指摘する資源小国という日本の弱点は、現代日本にも十分あてはまる。さらには貧しくて食事も満足に出来ない国民がいることに言及し、「世界で有数の貧弱国」とまで言っているのである。

「勤勉」と「デモクラシー」

ただし、今村は日本の弱点を嘆いてばかりいたわけではない。「然るにも拘らず」なぜ日本が世界の大国の仲間に入れたのか。

是は維新以来、先覚の士が、国民の指導を宜しくやったと云う事もございましょう、日清、日露、日独の三大戦争の結果もありましょう、が併し、最大の原因は、実に国民の一致と其の勤勉即ち汗と膏《あぶら》の結晶に外ならないのであると信ずるのでござい(10)

ます。（中略）実に土地資源を持たない国民は、どうしても他の国民より以上の勤勉、即ち汗と膏を吝まないとに依てのみ、生活が向上され、幸福が得られるので、一たび此の道理を誤ったならば、二等国は愚か、三等に下落し、国民の安全も幸福も得られないことになるのは明かです[11]。

今村はもちろん軍人であるが、日清、日露、第一次大戦の結果よりも、そして明治の指導者たちよりも、国民の「勤勉即ち汗と膏」に日本発展の要因を求めたのである。

しかしその後の日本は「資源」を求めざるを得ず、それが原因の一つともなって大東亜戦争に突入した。さらには今村自身がその「資源」の最たるものである「石油」確保のために蘭印攻略を担当することを考えれば、何やら因縁めいたものを感じる。

さらに、今村の観察で興味深いのは、ドイツに関するものだ。ドイツは第一次世界大戦で敗北し、巨額の賠償金を支払うはめになった。革命も起きて皇帝は亡命せざるを得ず、国は荒廃した。しかし、今村はドイツの状況にやや異なった見方を持っていた。

右に就き私の独逸旅行で感じた事を申しますれば戦争が了りました時分は、欧羅巴人の多くは、殊に独逸人自身でさえも、独逸の復興は到底百年では出来まいと云うて居りました。それが一年経ち二年経つ内に、独逸の復興は五十年位いだろうと言う人が段々に出て来たのですが、実際私が独逸を旅行して感じましたのは、どうして〳〵五十年どころか、三十年も掛るまいと感じた次第で、それは一に独逸国民の勤勉と云うことが目に入ったからです。[12]

今村の観察は的確だった。ドイツは確かに三十年もかからずに大国となり、むしろ他国に脅威を与えるまでになった。もちろん、巨大化したドイツの結末は今村の予想だにしなかったものであるにしろ。

しかし、ドイツへの観察以上に興味深いのは、駐在国イギリスの観察である。今村は雑誌『戦友』の第百四十二号に続けて「外国駐在中の所感」を記しているが、そのタイトルは「英国民のデモクラシー観念に就いて」となっており、今村の視線から分析した短いながらも説得力のあるイギリス文化論になっている。当然ながら、その視点は基礎に「国防」「軍事」がある。今村はまず、「個人の自由と権利とを主張して、決して屈しないこと、此の国民より大なるものは無いと思われます」と述べる。[13]

と同時に、イギリス人は他人の権利や自由も非常に尊重する。そして、社会秩序の維持観念も強い。

英国人は実に能く相互に礼儀を正します。人に依ては此の英国人の礼儀の正しいのを見まして、虚礼とも言い、又偽善者とも言います併し英国人は明かに偽善は善の一種である、又社会の秩序を保つには、各人が自己の欲する所を自制して、心の中では如何ように思うでも、実際行う場合には、前後左右を振返って、他人の迷惑にならないような偽善を払うことが必要であると、公然言うて居ります程、礼儀作法にやかましいのです(14)。

その例として今村はイギリスに落書きが少ないこと、劇場や活動小屋（映画館）で押し合いへし合いが絶対にないことなどを挙げ、「デモクラシー」の本来の姿に筆を及ぼす。

此の公徳観念は、畢竟英国人のデモクラシーの考から出て居るのでありまして、即ちデモクラシーとは、自己を尊び、同時にまた自分と同様に他人を尊ぶと云う観念なので、決して自由放漫の個人主義ではないのです。是は能く考えなければならぬ事で、動もすればデモクラシーと云うものを、単純なる個人中心主義と考えて居るものがありますが、本場の英吉利人の観念は以上の如くであるのです。(15)

国防の観念

今村がみるイギリス人の「公徳心」は国防観念にも結びつく。

英国の国防と云うものは、海軍を除きまして、其の陸軍のみを見ますれば、固より軍国主義の国でもなければ、又防備が完き国でもありません。併し其の国民全体の尚武心とか、軍事思想とか、国防観念とか云う事になりますと、どうして〳〵侮り難いものがあります。(中略)最後までやり遂げて、独逸を屈服せしめた大きな潜勢力が、実に英国民の間に在ったのであり。(16)

「デモクラシー」と「国防観念」についての観察は、日本にとっても重要だったといえる。「デモクラシー」を単に「個人中心主義」と考えていては、国民の間に「国防観念」の浸透しようはない。自分のみがよければいい、との思想からは他者やさらには「国」を守ろうという考えは生まれようがない。

しかし、それが「自己を尊び、同時に又自分と同様に他人を尊ぶと云う観念」であれば、その考え方が「国」に及ぶのはごく自然な流れであろう。「自己と他者の尊重」というものは単に公共の場において他者と妥協するだけではなく、「他者」を尊重するためにその「侵害」に自分も抵抗する、ということになる。

今村によれば、大戦中ドイツの代表的な軍人であったヒンデンブルクやルーデンドルフの回顧録が出た際、「実に其の売行高の多かったこと」はイギリスに及ぶものはなかった。このイギリス人の軍事に対する旺盛な関心とは反対に、「我国に於いては、軍事書の（それは書き方の悪い所もあるのでしょうが）市民の購読抔《など》は殆ど之無く、専門軍人丈けが読むと云うのに比較してみますると、実に雲泥の差です」と嘆いている[17]。

昭和十年代の「軍国主義」日本を想像する現代人には意外かもしれないが、今村のみる「国防観念」という意識は日本人には希薄だったのかもしれない。それは単純な「軍人礼賛」ではなく、国民が主体的に「国防」について関心を持つ、ということであった。そもそも関心がなければ批判も肯定も時流に流される極論にならざるを得ないのかもしれない。

さらに今村は「尚武心」について何度も指摘する。イギリス国民が軍人の孤児のためのチャリティーイベントに熱心に参加し、喜捨を惜しまないのに対して日本人が「唯だ一時の情勢から陸軍を非難して見たり、軍備の縮小を説いたり」するのは「英国民の現状に比較して、洵に残念な事と思うのであります」と締めくくっている。[18]

もちろん、日本でも昭和期に入ると軍への献金が殺到したり、軍を礼賛する言論が溢れることもあった。しかし、それは今村の言葉を借りれば「唯だ一時の情勢」で「陸軍を非難」したり「軍備の縮小を説いたり」するのと変わらないのかもしれない。

今村は直接イギリスの「デモクラシー」や「自由」を「素晴らしい」などと表現したわけではないが、文章全体を読むと高く評価していたことがよくわかる。角田房子は今村のことを「一九四五年（昭和20）までの陸軍内のリベラル」と評しているが[19]、イギリスのデモクラシーと自由に「公徳」「尚武心」を見出し、日本に足りないものを指摘した今村は、確かに「陸軍内のリベラル」というに相応しかったといえるだろう。

元帥上原勇作の副官に

大正七（一九一八）年に帰国した今村は、今度は参謀本部に勤めることになる。一年後の八月には少佐に進級し、大正十二年三月には元帥上原勇作の副官を兼職することになる。

上原は安政三（一八五六）年薩摩藩士の子として生まれ、明治十二（一八七九）年に士官学校を卒業した。今村の生まれる前に、彼は陸軍の軍人になっていたのである。日清戦争では第一軍の参謀となり、日露戦争でも第四軍の参謀となった。

その経歴は華麗なもので、陸軍大臣、参謀総長、教育総監のいわゆる「陸軍三長官」を全て経験した上に元帥府に列せられるというのは数多い陸軍軍人の中でもまことに数が少ない。そして上原は、陸軍初期の工兵科将校としてその育成に大きな功績を残した。彼の死後編まれた伝記では「工兵の父」「工兵の神」とまで称賛されている。[20]佐官になったとは言え、今村にとって「雲の上の人」だったといえる。

上原は直情径行で、他人がどう考えようと自説を主張する「雷おやじ」であった。また軍事書をはじめとした膨大な読書量を誇る読書家であり、今村いわく「読書がなければ上原もない」と自分でもよく述べていたという。いかにも仕えにくそうな人物である。

実は、今村は上原と二年前に会っていた。イギリスから帰ってきた直後で、当時の元帥副官から鎌倉の別荘に来るように言われたのである。それは「これが別荘か」と思われるほど簡素な三部屋のバラックで、今村はそのうちの一部屋、八畳間にテーブルと二脚の籐椅子が置かれた部屋に案内された。
上原はここで、今村が駐在員としてイギリスから送ってきた報告書について質問した。フランスに留学していた上原は、イギリスの歩兵小隊の編成がフランスと異なっている理由について細かく質問している。今村はイギリスで陸軍の隊附も経験したので、その点に期待をかけていたのである。上原は、近頃の駐在員の報告が「戦略と外交との関係」のような大きな話にばかり偏っていることを不満に思っていた。

「そうではない。連隊以下とくに直接敵とぶつかり合う中隊、小隊、分隊の指揮運用が、この世界大戦の経験で、どのように変わったかを研究することが、日本軍改善のために緊要なのだ。君の報告、とくに隊附のものは、こまかい実際を見て来ている。それで期待をかけてきいて見ると、やはり外面的なものだけであり、どうしてそうなっているのかの理由をはっきりつかんでいない」

今村は、かつて自分が尊敬する所属連隊長が上原に叱責されたのを目のあたりにしたことがある。その時は「公憤と私憤」を覚えたというが、この日の再会によってまた別の印象を受けた。「老人というものは、どこかに寛容のところがあるものなのに、この人のどこにも、それが感じられなかった」という。しかし、出した本人（今村）すら気が付かなかった報告書の問題点を指摘することに関しては「なるほどうわさの通り、よく読んでいるものだな」と、畏敬の念も抱いた。

上原の薫陶

今村は参謀本部の課員のまま、上原の副官を兼職することになった。正直なところ、「とてもあの智識人の雷おやじの下では、一ケ月も勤めきれまい」と思っていた。しかし、結局今村の副官勤務は大正十五（一九二六）年まで続くことになる。今村は「雷おやじ」の副官業務をこなし、その期待に応えたのだった。

今村からみても上原の印象は強く、彼について多くの感想を書き残している。その中からあえてひとつ取り上げるとすれば、「揮毫」に関するものだろう。上原は、当時の有名人の常として揮毫の依頼が多かった。しかし、今村がみているかぎりでは、戦死者の墓石の字以外は絶対に揮毫の求めに応じなかった。ある日、今村が、

「むやみにお書きにならないことはよろしいと思いますが、書いてあげたほうが良い場合もあるのではありませんか。」

と尋ねたところ、上原は、

「書も絵同様に芸術的にあつかっている人もあるようだ。だから他人に見せて快感を与えるような能筆家なら書いてやるのもよろしかろう。しかし吾輩のは君の知っての通りひどい悪筆で問題にはならん。」

それを聞いた今村が、揮毫を求める人は書の巧拙ではなく上原に親しみをもって頼むのではないかとさらに尋ねると、それを肯定した上で次のように答えた。

「人間は死んでしまう迄はどんな運命に見まわれ、人の道をふみはづしたり国法にたがって刑余の人となったりすることがないとは云えない。（中略）上原のように性格上いくつもの欠点をもっている男は、いつどんなことを仕出かすかわかったものじゃない。そんな者が字など後に残しておいてはそれこそ恥のうわ塗りになる。君もだんだん階級が上にのぼると人から書けと云われることがあるかも知れん。死ぬ迄決して人の道をふみはづさない確信をもっていれば格別、君の字は上原とどんとんぐらいの悪筆だ。書かないほうがよろしかろう」

これを聞いた今村は自分の心境について、

私などは上原元帥にくらべそれこそたくさんの欠点をもっていますので、又他人などに自白し得ない罪のおぼえも消えないものが幾つもありますので右の元帥の言葉をきいた時は背に汗を流したことでした。

と記している。[21]同趣旨のエピソードは今村の自伝にも書かれているが、右の引用は元朝日新聞記者で親交があった高宮太平宛の手紙の中に記されていたものである。詳細は不明ながら、高宮が公表を前提に今村に何かの話をしてくれと依頼したらしく、それを断るための理由として上原の話を持ち出している。今村は単に上原の副官としてつとめるだけではなく、その考え方に敬意を持ち、後々まで自身の戒めとしたのであった。

宣伝と共産主義

ところで、今村は少佐時代の大正十四(一九二五)年四月、雑誌『戦友』に「日露条約と宣伝問題」と題する一文を寄稿している。後年、今村が司令官として指揮した第十六軍はインドネシアを攻略する際に多くの文化人を動員していることから考えても、「宣伝」――プロパガンダ――を今村がどう考えていたか知る必要がある。この一文は今村が若い頃から宣伝に関心を持っていたことを示すものであるから、少しみてゆきたい。

ここでタイトルとなっている「日露条約」とは、同年結ばれた日ソ基本条約のことである。帝政ロシアを倒して樹立されたソビエト連邦は、いうまでもなく世界初の共産主義国家であった。共産主義は天皇を戴く日本の国体とは相入れず、日本はしばらくソ連と国交を結んでいなかった。それがようやく、この条約によって六年半ぶりに国交が結ばれたのである。そしてこの条約の第五条では、お互いに有害な宣伝及び敵対行為を禁止していた。(22)ところが、今村のみるところ、これに頼るだけでは危険だった。

昨年、イギリスがロシヤと約束したときは、余程此の点を考えて、日露条約よりも一層厳重に、『一切の人』『一切の団体』の宣伝禁止を約束せしめた。それでも尚、条約が出来上って、まもない内に、ロシヤ内にある『第三インターナショナル』と云う、共産主義を奉ずる団体は、その首領のジノウイエフと云う人の名で、英国内の共産党に宛て、『英国のような、無産階級に都合の悪い制度は、是非とも暴力で、たたき破らなければならない。これが為には、まず第一着に、英国の軍隊をくずして、之を共産党のものにしてしまわなければならぬ』と、云う趣旨の手紙を送って、大問題をひきおこし、英国の労働党内閣を、非常にこまらせたことがあった。[23]

今村が紹介するのは、自分が駐在していたイギリスの事例だ。イギリスもまた、日本より厳しくソ連による「宣伝」を警戒する条約を結んでいたが、それでも防ぎきれなかった。今村は、第三インターナショナル（いわゆるコミンテルン）が表向きソ連とは関係ない組織のフリをして宣伝を行なっている点を指摘し、次のように警戒する。

要するに、現代の社会組織には、いろ〳〵の欠点もあり、短所もある。そしてこれを改めて行くには、労働者階級の人々が智識を養い、資本家の人々が、道徳を高め、お互いに協調して進み、その間に国家の権力が不足を補うて行かなければならぬ。しかしロシヤの労農政府のような個人の所有を認めない主義は、――ロシヤ内でも、今は実行不可能となって、段々に昔の制度にかえりつゝあるが、――個人の働きをにぶらし、国益をさまたげ、徒に兄弟国内に争う結果を招くのみで、断じて我が国体なり、国情なりに合わないものである。戦友諸君は、日露の国交の回復を機とし、国際政治の上に商売上の取引の上に、又は資源の開発等に大に利用すべきではあるが、よく前述の思想的宣伝の伴うことを留意して、之に乗ぜられる隙を与えないようにお互いに心掛くべきである。(24)

右の引用からは、今村が「共産国家との通商」そのものを警戒していたさまがうかがえる。国交の回復を商売などに利用すべし、とは述べているものの、これに伴って流入するであろう「宣伝」には大いに気をつけよ、と警告する。

と同時に、今村がかなり強い「反共」の思想を持っていたことがうかがえる。共産主義を「個人の働きをにぶらし、国益をさまたげ、徒らに兄弟国内に争う結果を招くのみ」と考えていたのである。もとより、日本では治安維持法もあって共産主義には否定的な傾向が圧倒的であったが、今村の反共の信念はそうした体制的なものだけではなかったようだ。

動乱の中へ

大正十五（一九二六）年八月になると、今村は陸軍中佐へと進級する。第七十四連隊附、インド駐在武官などを経験した後は中央に戻り、陸軍省軍務局徴募課長となる（昭和五年七月）。徴募、すなわち兵役義務に関する仕事をしていた今村だが、ここで一人の知己を得る。

当時、第二次若槻内閣のもとで陸相をつとめていたのは宇垣一成だった。宇垣は以前、「宇垣軍縮」の名で知られる軍の人員整理を行い、浮いた予算を軍の近代化に回すなどの手腕をみせていた。そして今度は兵役義務者待遇審議会というものを設け、兵役義務者の待遇改善をはかっていた。

この審議会は総理大臣が会長、陸相が副会長、関係官庁や貴衆両院議員、民間の識者なども加わっていた。主に議案の作成を行なったのは徴募課である。週二、三回行われた会議で今村は度々説明に立っていたが、ここで席が近くなったのが当時内務省地方行政課長だった大達茂雄であった。大達は今村とはそれまで知り合いでもなんでもなかったが、審議会が重ねられるにつれて今村の誠実な人柄に感心していったようだ。次第に、今村が説明しているとその横から「君の言可」「そこを強く主張せよ」「深入りするな」などと書いた紙片を渡すようになった。[25] 大達は後に満洲国国務院総務庁長、初代東京都長官、戦後は文部大臣などをつとめることになる。

さて今村は徴募課長を経て昭和六（一九三一）年八月、とうとう参謀本部の中心である作戦課長の地位につく。今村本人は徴募課長を一年間（昭和五年八月から六年七月まで）つとめた後、連隊長の職を希望したという。連隊長を希望する今村を説得したのは、陸軍省軍事課長の永田鉄山であった。

「満州問題はそれこそ命がけの仕事だ。いっしょにこれに当る人のえり好みは避くべきだが、気心の知れている者同志なら遠慮なく意見も披瀝し合えるし、又力もあわせ得る。僕自身としても、外部の関係各所と折衝することなどには不向きと思っているが、難局を避けるのは、卑怯にもなる。君も進んで難局に当ってくれないか」

永田は陸士第十六期の逸材で、将来の陸軍を担う一人と目されていた[26]。同期の小畑敏四郎、岡村寧次と共に陸軍の改革を誓い合ったとされる「バーデンバーデンの密約」は有名である。永田はまた陸軍の若手有力将校を集めた「一夕会」（昭和四年五月結成）の有力メンバーの一人であった。

一夕会は永田らの他にも東條英機、石原莞爾、武藤章、田中新一などその後陸軍を動かす多くの軍人が参加していた。今村が士官学校時代から親しい板垣征四郎もその一人である。一夕会は陸軍の主流派を形成する田中義一や宇垣一成に対して荒木貞夫、真崎甚三郎、林銑十郎などを押し立てようとする「反主流派」とされている[27]。今村は一夕会のメンバーではなかったが、永田に信頼されていたのである。

一夕会では、満蒙（満洲と蒙古）問題の解決もまた重要な課題だった。田中義一内閣時代には満洲の実力者である張作霖が爆殺されたが（昭和三年六月四日）、主犯の関東軍高級参謀河本大作は、一夕会のメンバーだった。

そして満洲ではさらなる謀略の準備が進行していた。首謀者は関東軍作戦参謀の石原莞爾中佐であり、高級参謀として石原と共謀していたのが板垣征四郎である。昭和六年五月三十一日の石原の日記によれば、板垣の家には石原や花谷正（当時奉天特務機関所属、少佐）

らが集まっていた。石原の日記には「軍司令官は満鉄の保護の為には兵力を使用すること を得」「軍主導の解決の為には満鉄攻撃の謀略は軍部以外の者にて行うべきもの也」と記されており、[28]関東軍が満鉄（南満洲鉄道）保護の名目で兵力を行使する謀略の相談があったことがわかる。ただし、この時の計画では「軍部以外の者」とあるように、鉄道を攻撃する役には軍人以外を用いる予定だったようだ。

石原は、いくつかの観点から満蒙を「我勢力下に置く」ことの必要性を強調している。すなわち、朝鮮の統治を安定させる、中国に対して指導的位置に立つ、満蒙の農産物によって日本の食料危機を解決する、満蒙の資源を利用して失業者を救う、などである。[29]そして実際に、謀略の実行は間近に迫っていた。こうした状況下で作戦課長となった今村は、いやがおうにも動乱の中に入らざるを得なかったといえる。

柳条湖事件

作戦課長になって間もない昭和六（一九三一）年九月十九日午前四時、まだ夜も明けていない時間にかかってきた電話で今村は起こされた。電話の主は、かつて陸大受験で世話になり、当時は参謀本部総務部長の職にある梅津美治郎であった。

「昨夜奉天近くで、鉄道が爆破され、関東軍が出動したらしい。僕はすぐ役所に行き電報を確かめるつもりだ。君のところにも、すぐ自動車を差し向けるよう、宿直将校に電話しておいた。精しいことは、役所で打ち合わせしよう」

世田谷豪徳寺にあった今村宅からは参謀本部まで三十分ほどかかる。午前五時ごろ参謀本部についた今村は、早速梅津のいる部長室に入り、電報を見せられた。奉天駅付近、柳条湖あたりで満鉄の線路が爆破された、との報告である。これが、板垣や石原らの謀略であることはいうまでもない。爆破の連絡を受けた板垣はこれを中国側のしわざとし、中国側の兵営（北大営）を攻撃した。

参謀本部では関東軍による不穏な噂を耳にし、事件の起こる直前に作戦部長の建川美次を派遣していた。軽挙妄動に走るな、という中央の意図を伝えるためだった。事件は、その矢先に起こったのである。

「私は建川部長が中央の方針通りに善処されていると信じます。張学良が、大挙在満日本軍撃滅の行動に出るのでなく、単に、北大営の部隊だけの暴行であることがはっきりしましたなら、やはり局部だけの問題にすべきだと思います」
「僕もそう思う。ともかく至急局部長会議を開き、対処の方策を決めることにしよう。さっき僕から宿直将校に言い、部局長、総長、大臣に電話し、七時から会議がはじめられるようにお願いしてある。それまでには、まだ一時間半ある。君は事件処理案を起草し、宿直書記に浄書させ、必要な部数を準備しておいてくれ給え」

午前七時までに参謀本部の会議室に部局長の全員が集まり、対策会議が開かれた。今村は、上司の建川が満洲へ派遣されていたために部長代理として出席し、発言することになった。軍事課長の永田鉄山は本来出る資格はなかったが、特に要請されて出席していた。永田の存在感の大きさがわかる。

今村はここで増援を必要とする場合には在朝鮮の部隊を動かすべき旨を述べ、梅津からは事件不拡大の方針を堅持する必要性が述べられた。その方法としては、二長官（参謀総長と陸軍大臣）から建川を通じ、関東軍司令官の自重を促す、というものだった。全員一致でこの方針が採択され、次長、次官はそれぞれ総長と大臣にこれを報告することになった。

同日中、参謀総長から朝鮮軍司令官の林銑十郎（大将）に対して「増援は派兵の勅命ある迄動かすな」との命令が発せられた。[30] しかし、たびたび関東軍から増援要請を受けた林は、ついに独断での出兵を決意した。二十一日、中国（満洲）国境の鴨緑江に接する新義州に待機させていた、歩兵第三十九旅団に越境を命じたのである。こうして、天皇の命が下る前に軍隊が動かされるという重大事が突発したのである。

「満洲事変」へ

これを受けた陸軍中央では、この越境への態度を巡って論争が起きた。局部だけの出兵に限定すべきと考えていた今村であったが、朝鮮軍から独断越境の連絡を受けたあとは、参謀総長による上奏で裁可されれば問題なし、と考えた。今村らは陸軍大臣の了解は得たものの、軍事課に相談もせずに書類を作成し、捺印だけを求めてきたのである。

作戦課の遠藤三郎少佐が永田にこの書類を持って行き捺印を求めた際、永田はこれに「絶対的反対」を表明し、さらに今村に対して不信感を示した。

軍事課長軍務局長あるに拘らず我等を除外して単に直接大臣に話したるのみにて上奏するが如き我等に不信任を表明するものなり。之に対し今村課長は決して不信任と云うにあらず、若し手続上正当ならざりしものあらば将来考慮せんと述べ軍事課長は「不信任云々」の言葉は取り消すべしと云えり。(31)

今村でさえ、作戦課の中にいるとこのような考え方をとるようになってしまったのである。永田に叱責され、その間違いを悟ったのであった。

一方で、陸軍中央の当初の思惑とは異なり、事件はどんどん広がりをみせていった。航空機による爆撃（錦州爆撃）も行われ、石原莞爾などは自ら爆撃機に乗り込むほどの熱の入れようだった。関東軍はその後も進撃を続け、最終的には清朝最後の皇帝である愛新覚羅溥儀を連れ出し、清朝を打ち立てた女真族の故地である満洲に新国家を建設するまで続くことになる。国際連盟は日本の行動を問題視し、イギリスのリットン卿を団長とするリットン調査団を日本、中国に派遣した。

リットン調査団の報告書は満洲における排日宣伝や日本製品のボイコットなどは中国側に責任があると認め、この地にある程度の権限を持った自治政府を設立することを提案していた。しかし、「新国家」を認められなかった日本は比較的好意的なこの報告を認めなかった。昭和八（一九三三）年三月二十四日、連盟の総会でリットン報告書の採択が行われた。賛成が四十二、反対が一（日本のみ）、棄権が一（タイ）の圧倒的多数をもって報告書は採択された。日本はこれを不満として、二十七日正式に連盟脱退を通告したのである。

国内の動揺

話が少し先に進んでしまったが、柳条湖事件から日本の連盟脱退までの期間、国内でも様々な事件が起こった。

まず、昭和七（一九三二）年二～三月にかけて三井合名理事の團琢磨、前蔵相の井上準之助らが暗殺される「血盟団事件」が起きた。暗殺者はいずれも日蓮宗の僧侶である井上日召の傘下にいる青年で、井上は軍の一部青年将校とも関係があった。そして日召と関係のあった海軍青年将校らも同年五月十五日に首相の犬養毅を襲撃、殺害するという大事件を起こす。現在「五・一五事件」と呼ばれるこのテロにより、戦前の政党政治は終わりを告げた。

こうした一連のテロ事件は相互にある程度の関連があり、陸軍も無縁ではなかった。その中で今村と特に関係することになるのが、十月事件である。この事件について語るには、その前に起きた「三月事件」に触れる必要がある。

三月事件は昭和六年三月に計画された、陸軍の一部将校によるクーデター未遂事件である。当時、参謀本部第二部（情報）ロシア班にいた橋本欣五郎中佐が中心となり、陸軍大臣の宇垣一成を中心とした内閣を樹立する計画だった。橋本は「国家改造」を目的として掲げ、必要であれば武力行使も辞さないとする結社「桜会」の主宰者であった。橋本は民間右翼の大川周明や清水行之助、社会党の亀井貫一郎らとも共謀して民衆を煽動し、さらには軍を動かして、クーデターによって政党政治を打倒しようとしていた。

この事件には参謀次長の杉山元、軍務局長小磯國昭、参謀本部第二部長の建川美次らも関係しているとされるが、政権の座につくはずだった宇垣の変心で事前に発覚、中止となったとされている。ただし、事件には不明な点も多く、真相はまだよくわかっていない。(32)

そして事件の黒幕とされてしまったのが、今村を作戦課長に持ってきた永田鉄山である。永田が小磯に依頼されて書いた「クーデター計画書」とされるものが軍事課の金庫に残っており、のちにそれが外に持ち出されて永田の命取りとなってしまう。クーデターの武力行使面については、当の橋本欣五郎による手記が残っている。橋本によれば、計画は次のようなものだった。

一、日本各地より剣客を東京に集合せしめ、警官に対抗せしむ。
二、壮士をして其下宿に放火せしめ東京各地に火災をおこす。
三、拳闘会を開き、これに数々の同志を入れ一時に官憲方面に殺到せしむ。其他大衆の動員。
四、各所に爆弾を見舞う。(33)

一見して、いかにも杜撰《ずさん》な計画にみえる。それでも、陸軍の省部（陸軍省と参謀本部）の大物が関与したとみられる事件であり、当初は公表もされなかった。そしてこの時、首謀者となった橋本欣五郎らであるが、重い処分はされなかった。軍職にもとどまった。しかし、事件で「担がれる」予定だった宇垣の威信は失墜し、陸軍の中には混乱が広がった。

十月事件

同年（昭和六年）十月のある日、今村が自宅で夕食をとっている時のことだった。かつて陸軍省で今村の部下だった池田純久大尉、田中清大尉が今村を訪ねてきた。彼らが伝えたのは、驚くべき事実だった。

「夜分突然にお邪魔いたしましたのは、国家の大事と思われることで、御相談申し上げたいためであります。ご承知のように、桜会の連中は(中略)だんだん急激となり、〝非常手段により、現政府を転覆するのでなければ、到底満州問題は解決することが出来ない〟と決断し、クーデターの計画を進めております」

またしても、橋本らのクーデター計画である。池田の発言にあるように、今度はすでに進行中の満洲事変を積極的に遂行するために、消極的な政府を倒そうとしていたのである。そしてこの時、権威を失った宇垣ではなく、教育総監部本部長の荒木貞夫（中将）が首相に担がれる予定だった。荒木は永田、小畑らの一夕会が真崎や林と共に擁立しようとした「反主流派」の大物の一人である。今村は、池田らの告発に答えた。

「私は、絶対にクーデターに反対します。君たちも軍事課長の永田さんから聞いているだろうと思う。中央の考えは、一年の日子を費やして国の内外に、南京、張両政権の不当な排日行動の実相を認識させた後、必要なれば軍事行動を以てしても、満州問題の解決を図ろうとしていたのが、にわかに事変の勃発となり、内外の諒解なしにやるようになってしまいました」

そしてこのままでは日本は海外から「満洲事変は日本陸軍の野望によって起こされた」と非難され、米英海軍は南方から我が方を圧迫するだろう、そして帝国海軍が陸軍の動きに反対すれば、国民は決して陸軍を信頼しない、「満州で闘っているとき、国内で兄弟がせめぎあうようなことは、大きな間違い」とその理由を述べた。

池田らの話では、橋本たちはこの計画に建川美次も諒解を与える、と見込んでいたらしい。これを聞いた今村は、彼らが帰ったあとにすぐさま自動車を飛ばし、建川の家にかけつけて問いただした。

「私はあなたが、橋本等の企図に諒解を与えているなどとはまったく信じません。が、彼等にそんな誤解を抱かせるような関係をお持ちだったのでしょうか」

「僕はこの七月まであれらの情報部長だった。重藤や橋本たちがやってきて〝桜会というのを設け、時局に関することを研究し、省部の課員たち、それに隊附将校の一部をも加え、情報を持ち寄り、相互の意思疎通をはかりたい〟と説いた。従来のように、省部の将校たちが、職責のみにこだわり、他を解しない弊を反省するためには、有意義なことだと思い、それに同意し、又、いくらか費用上の援助もして来たが、そんな非常手段のごときは、彼等はまだ漏らしては来ていない。(中略)もう今夜は遅い、あすの朝、橋本に会い、絶対にやめさせる」

建川本人の言い分では、橋本らの桜会の活動には賛同していたものの、クーデターのような「非常手段」まで肯定する気はなかったという。

橋本の動向

一方で、橋本らに首班として期待されていた荒木の動向はどうだったのか。荒木の戦後の回想によると、十月十六日に近くに住む小笠原長生(子爵、予備役海軍中将)から電話がかかってきて、訪ねてみると東郷平八郎と荒木がその日参内する、という話を西田税《みつぎ》から聞かされたという。

西田はもと陸軍将校だが、すでに軍隊をやめており、「昭和維新運動」の活動家となっていた。これを聞いた荒木はピンときたらしく、教育総監部に出勤して小畑敏四郎を呼び、小畑から永田に連絡させて調査を依頼した。そこへ当の橋本がやってきて「閣下起って下さい」と言われ、「ハハーこれだな」と感じた。

「一体何に起つのか。また、君は何か計画しているのではないか」

といったら、黙ってしまった。そこで自分は、

「それだけ信頼してくれるなら命もかさねばならぬ。よろしい、僕は君の信頼を受けた。それではいうが、その計画を直ちに中止しろ」

といい放った。すると橋本君は、

「もう中止できません」

「何だ、人を信頼しておきながら、僕のいうことを実行出来ないという、そんな信頼はないではないか」

と自分はきつくいい放って、懇々非合法の不可を説いた。彼は黙って帰っていった。(34)

あくまで荒木の回想であるが、荒木が橋本の計画に乗らなかったのはその後の経過をみても事実だといっていいだろう。橋本は、今村の知らせを受けた建川とも会い、その説得を受けてクーデターの中止を約束した。今村は建川からそれを聞き、ひとまず安心、となった。ところが、橋本が中止を約束した後に同じ桜会の根本博、影佐禎昭、藤塚止戈夫《しかお》（いずれも少佐）が今村の室を訪れ、意外なことを述べている。

「過日、橋本中佐が建川少将と杉山陸軍次官とに申した企図の断念は虚言です。私共三名は、桜会員として不可を力説しましたが、急進一派は、どうしても断行の意思を捨てず、明十七日午前四時を期し、非常行動に出る手はずを決めており、本夜最後の打合せを、築地の金竜亭という待合で行なうということにしております。ついては、もはや断乎、憲兵の手で、一派を拘束するより予防の途はありません。私共は、同志を裏切るような形になりますが、国家の大事、ことに多数有為の将校を、成算のない軽挙で、その軍人の生涯を終わらせることは、いかにも惜しまれます。然るべき配慮を願いたいと思うものです」

「承知しました。あんな純な人たちをあやまらせることもいけないが、国の大事になることをそのままにはしておけません」

そして今村は影佐らから計画の詳細を聞き出した。今村の回想では、三人が来たのは十月十六日の午後四時ごろとなっている。そして、荒木が橋本にハッパをかけられたのも同日である。事件は、決行直前に中止されたのである。

事件の収束

事件の詳細は、次のようなものだ。まず、決行時期は十月の二十七日（当初は二十一日）。参加する兵力は将校約百二十名、歩兵十個中隊、機関銃二個中隊。さらに外部からも大川周明、海軍抜刀隊約十名、爆撃機までも参加する予定だった。

攻撃目標としては当時の閣僚（第二次若槻禮次郎内閣）が閣議を開いているところを襲撃、斬殺する。さらに警視庁を占拠し、参謀本部、陸軍省を包囲して幹部に同調を迫る。報道、通信機関も封鎖し、一部の敵対者を殺害する。そして元帥東郷平八郎を参内させ、荒木を首班とする内閣を奏薦させる、というものだった。(35) 三月事件よりも大規模かつ暴力的になっており、もし決行されたら多くの犠牲者が出る。これを聞いた今村は、すぐさま軍事課長の永田鉄山と編制動員課長の東條英機に電話し、収束の方策を練った。

「……橋本一派の企図については、以上申した通りであります。私はやはり憲兵隊に拘束し、しばらく行動の自由を許さないことが必要と思う。彼等が企図をやめ得ないのは、多分に軍部外右翼団体の意向に制せられているためと推測されます。従ってそれら右翼者に対し、彼等を保護する名目にして拘束すれば、大げさにならずにすむかと考えられます」

「それがいいだろう。事は急を要する。省部の部局長に集まって貰い、われわれの意見の採択を請うことにしよう」

今村の提案に永田が同意し、事は決まった。集合を要請する部局長は彼ら三人に加え陸軍省から次官の杉山、軍務局長の小磯、参謀本部から次長の二宮治重、総務部長の梅津、作戦部長の建川らである。

さらに橋本らが担ごうとしている荒木や憲兵司令官の外山豊造も呼び、意見を述べた。

集まったほとんどの人々が拘束に賛成したが、ただ一人荒木のみは説得の必要性を強調し、譲らなかった。今村はひとまず荒木に任せることにし、全員がこれに賛同した。

別人の証言もある。橋本と同じく桜会のメンバーで、当時第二部にいた馬奈木敬信(少佐)によれば、馬奈木が参謀本部に呼ばれて赴くと、今村や荒木らがこの件について協議しているところだった。馬奈木は荒木に促され、橋本や長《ちょう》勇《いさむ》（少佐）らが集まっている金竜亭に案内することになった[36]。

金竜亭に行ってみると、肝心の橋本の姿はみえなかった。荒木はそこに長勇の姿をみつけたので諄々と諭し、ようやく長から「それではやめます」と言質をとって一度帰ることになった[37]。これも、今村の回想では事情が異なる。荒木は金竜亭に説得に赴き、参謀本部から岡村寧次の出迎えで帰ってきた。荒木が言うには、

「説得に努めたが、彼等は、決心を変えるとはいわない。しかしせっかくの説得を即座に拒否することは礼儀を欠く。よって四日間実行を延期する、というのでひとまず引きあげて来た。（中略）急進ではあるが、皆国家を憂えてのことであり（中略）自分はやはり拘束案に反対だ」

今村によれば、橋本一派は単に「四日間の延期」を申し入れただけであった。荒木は彼らの「志は諒とする」立場を取り、拘束を主張する今村や他の人々と対立した。結論は容易に出ず、結局杉山や荒木が別室にいる陸軍大臣の南次郎の所へいき、判断を仰ぐことになった。これで会議はひとまず終わったのだが、守衛が今村にもたらした名刺によって事態は一転した。守衛によると、自動車でやってきたスーツ姿の男が名刺を手渡し、「今村大佐にこれを手渡ししてくれ。おくれては大変なことになるよ」とだけ言って帰ってしまったという。

今村が名刺を見るとそこには横浜の一貿易商の名前があり、「裏面を見られたし」と書かれていた。そして裏面には「さきほど荒木中将に申した四日間の日延べは虚言なり。明朝の実行に変化なし」と記されていたのである。これを見た編制動員課長の東條英機は「一味中の誰かが、心配して、通知してよこしたものだろう」と述べてただちに南らに知らせることを提案した。永田や他の全員がこれに同意し、代表して今村が大臣室に赴いた。大臣室では、荒木が南に対してしきりに拘束反対を説いている。

今村が隙をみて事の次第を告げると、ついに南は「橋本中佐以下十二名を憲兵隊に拘束すべし」の判断を下したのである。これでようやく事は決し、十二名はそれぞれ待合や自宅で出頭命令を受け、三か所の憲兵分隊に四名ずつ収容されることになった。

今村の優しさ

こうして今村は他の課長級と共に橋本らの拘束に協力したわけであるが、決して彼らに対して怒りを感じていたわけではなかった。

私は満州で、日、満両軍間に戦火が開かれている時、国内で、兄弟牆《がき》に鬩ぐようなことは、事変そのものの解決にもわるいと信じ、その意見を上申したものの、橋本中佐以下十二名の愛国情熱には打たれており、その大部分が参謀であり、個人的には、敬信していた人もある。

こう考えていた今村は、拘束の翌日梅津に会い、彼らの寛大な処分を要請している。さらに今村は橋本らが新聞雑誌も読めないのでは苦しいだろうと考え、その分の費用の支出まで願っているのだ。

結果的に、橋本らの処分は今村の願った通り、極めて寛大なものとなった。もちろん、こうした処分に関して今村一人の意見だけで決したわけではない。それでも、この場合については、今村の「他人への優しさ」はやはりマイナスの方向に出てしまったというべきではないだろうか。いくら「未遂」とはいえ、軍人が政府の転覆まで計画して処分らしい処分もされないというのは、悪影響を及ぼしたのではないだろうか。

さて橋本らの事件は未然に防げたものの、今村たちにはまだやるべきことがあった。実は、この事件は関東軍と通じていた、という憲兵からの情報があったのである。さらには、関東軍が日本から離れて独立するという噂話まであった。これほどの情報を、無視するわけにはいかない。陸軍大臣や参謀総長の代わりに、白川義則大将が事情の聴取に赴くことになり、今村はその随員となった。

今村は白川について満洲に飛び、ヤマトホテルを宿所とした。それから白川と関東軍司令部に赴き、白川は司令官の本庄と、今村は板垣、石原と会見することになった。今村は両名と会見を終えると一旦ヤマトホテルに帰り、白川と打ち合わせしてその日の夜に再び話し合いをすることになった。

夜八時前に関東軍から迎えの車がきて、連れて行かれた場所は料亭の奥座敷である。ここには板垣と石原だけではなく、竹下義晴少佐、片倉衷大尉などがおり、すでに酒宴が始まっていた。今村が腰をおろすと、いきなり石原が切り出した。

「何ということです、中央の腰の抜け方は……」

「抜けているか抜けていないか、冷静な眼でみないことにはわかりますまい」

「腰抜けの中央にたよっていては、満州問題は解決なんか出来ない」

「国家の軍隊を動かすようになった一大事を出さきだけの随意のやり方で成しとげられるものではありません。全国民一致の力を必要とします……」

ここまで話してきた時、急に石原は大きな声で「ああねむくなった」と言って寝転んでしまった。さすがに今村は不快の念を隠すことが出来ず、板垣に向かって言った。

「せっかくのお招きでしたが、国家の興廃に関する重大なとき、とくに陛下の赤子、父老の愛子が刻々戦闘に斃れている時に、このような料亭で、機密の事柄を語り合いますことは、私の良心が許しません。大佐殿に対しては、礼儀を欠き、恐れ入りますが、これでおいとまいたします」

今村はつとめて冷静を装っていたが、怒りの感情が面に出ているのは自分でもわかっていた。こうして、物別れになったと思われた会談だが、出て行った今村を追いかけてきた片倉は切々と「関東軍独立」などが単なる噂に過ぎず、板垣や石原はこれを相手にしてはいない、ということを訴えた。今村はこれを受け、片倉を信じることにした。白川にもこれを伝え、白川も今村の話を聞いて「自分が本庄繁から聞いた話と同じ」ということで一安心となり、この騒動は一段落した。

政治への不信

十二月四日、参謀本部に政友会の山本悌二郎ら数名が訪ねてきた。彼らは満蒙問題について懇談したい、ということで今村他参謀本部の若干名の前で話をしたのであるが、実は話の趣旨は満蒙問題ではなかった。山本は、今村に対して次のように語りだした。

若槻内閣は目下全く行詰りあるも之が倒閣をなし得るものは陸軍のみとて暗に政友

会は陸軍の力を藉りて民政党内閣を倒さんとする企図あるを仄めかせり。
課長曰く
国内的に軍隊が使用せらるゝことは全くの非常事なり。況んや倒閣の為陸軍が政党と相関係するが如きは断じて無し。
山本曰く
民政党内閣にては満蒙問題の解決は不可能なり。
課長曰く
満蒙問題解決と倒閣とは全然別問題なり。(38)

山本らは、満洲事変を利用して、倒閣に持ち込もうとしていたのである。彼らは内閣に協力して国際的な問題となっている満洲事変を解決するのではなく、陸軍と組んで党利党略に利用しようとした。国益ではなく、「党益」を重視する政治家に対し、今村がにべもなく拒絶したのも当然だろう。こうした政治家の近視眼的な行動は、残念ながら日本のみならずあらゆる国で現在もみられることだろう。

こうした経験もあってか、今村は政治に対して一種の警戒心を抱くようになっていた。

後年、大東亜戦争開始直後に次のようなことがあった。昭和十七（一九四二）年一月下旬、今村は第十六軍司令官として南方に赴く途中、マニラのホテルに滞在していた。そこへ、かつての部下である和田盛哉中佐が訪ねてきた。和田中佐は、当時フィリピンで軍政を担当しており、今村に相談したいことがあった。

「私は現在、まったく未経験な軍政の仕事をやらされて、たいへん困っている。どうしたものでしょうか」

するとと将軍は、

「そうか、心配することはない、通常の態度でやっておればよい。しかし、軍人が政務の仕事に興味を持つようになったらおしまいだぞ。この点だけは注意しなさい(39)」

今村の脳裏には、かつて中央で経験した軍人の政治関与への反省と、政治家たちの醜い様子もあったことだろう。「軍人は、そういうことに関わるな」と。

第三章 指揮官としての成長

1936年頃の今村均
提供:毎日新聞社

連隊長へ

昭和六（一九三一）十二月十三日、民政党の若槻禮次郎内閣に代わり、野党の政友会犬養毅が内閣首班となった。陸相には荒木貞夫がなり、さらに参謀本部の実質的なトップである次長には荒木の盟友である真崎甚三郎がなった。次長が実質的なトップ、というのは、陸相が交代するのと同じく参謀総長も金谷範三から皇族の閑院宮載仁親王に代わったからである。トップが皇族であるということは、責任問題が生じるような実務は次長が裁くことになり、したがって次長が実質的な決定者になることを示している。

翌昭和七年一月十八日、中国では国際都市の上海で日本人の僧侶が中国人に殺害される事件が起きた。これに対して日本人居留民が報復に出たり、中国側官憲が介入するなど騒動は大きくなり、とうとう日中両軍が衝突する騒ぎになってしまった（第一次上海事変）。

実は、これは日本軍の仕組んだ謀略であった。謀略を実行したのは上海駐在武官補佐官だった田中隆吉少佐で、板垣から「満洲から外国の目を逸らすため」上海で事件を起こすことを頼まれたという。

上海には海軍の陸戦隊があったものの、数的には大したものではなく、陸軍に援助の要請がきた。これを受けた陸軍では上海派遣軍が編成され、白川義則が司令官として赴くことになった。

一方で、今村も陸軍中央部の人事刷新の一環として第二課長の職を離れ、佐倉にある歩兵第五十七連隊長となることが決まった。作戦課長となる前の今村は連隊長職を望むも永田に慰留されて中央の要職につき、満洲事変や十月事件という大事件に対処することになった。それが今度、ようやく待望の連隊長に回されることになったのである。今村の後任は永田と陸士同期生の小畑敏四郎だが、小畑の作戦課長就任は二度目である。

ただし、今村が作戦課長を更迭された件については、別の観察もある。当時、今村の部下で作戦班長をつとめていた河辺虎四郎（中佐）によれば、今村は「結局、僕はこの席にはダメという烙印をおされたわけ」と話しており[1]、やや事情は異なる。

河辺は今村の転任に不満だった。

それにしても今村大佐が着任後漸く半年、その間あの満州事変勃発の初期、極めて機微に動いた時局にあたり、その識能と人格とをもって、軍中央内部に文字通りの中堅として、あれだけの活動をした人を、何が故に〝左遷〟しなければならぬのか。私

は最近何となく急に感ぜられる派閥性の露呈について、不快でたまらなかった。(2)

要するに、河辺は今村の転任を「派閥人事」の一環ではないか、とみたのである。実際、陸相の荒木貞夫はいわゆる「皇道派」と呼ばれる閥の中心とみられており、真崎もその同志的存在だった。(3) 今村の後任として作戦課長になった小畑も荒木、真崎に近いとみられていた。

それればかりか、新しく軍務局長になった山岡重厚は「人間は立派であろうが、その手腕から見て軍務局長の柄でないというのが世論」(4)というような人物だったが、それでも荒木を直接補佐する軍務局長になったのである。前述の通り、バーデンバーデンで会合し、その後一夕会を設立して共に活動した永田や小畑であるが、二人の志は徐々に離れていった。小畑は荒木、真崎と近く「皇道派」とされるようになり、一方の永田は後輩の東條や武藤章らと共に「統制派」として派閥抗争の当事者となる。

荒木が陸相になることでその周辺は彼に近い軍人で固められるようになったが、つまりは今村もその割を食った、とみなされたのである。

今村と派閥

今まで述べてきたように、今村は一夕会にも入っておらず、派閥的運動ともそれほど関係はなかった。ただし、個人的に全く関係なかったかといえば、そうではない。今村が永田から作戦課長就任を要請されたのは述べてきた通りだが、今村もまた永田に対しては敬意を抱いていたようだ。

これは戦後の話だが、荒木貞夫に兄事していた元朝日新聞東京本社政治部記者の橘川学が荒木の伝記を書き、今村に送ってきたことがあった。橘川は荒木に心酔し、「この人のためなら死んでも良い」とまで思っている人物である(5)。

その橘川から送られた伝記を今村が読み、橘川に返事を返したものが憲政資料室に残されている。今村はまず「その文も実に立派で感心させられ、御努力の並々ならなかった事がよく推察されました」と賛辞を述べた後、次のように記す。

唯、以前二度程申し上げましたように、本書の内容を読みました上でこれを私が他におすすめいたしますことは、荒木将軍が批難している反対の立場の人々の非（私はそれを認めておりませぬ）を肯定することになり、とくにお互に信頼し合っておりました永田鉄山将軍の霊に対しても申訳がなく、又私の承知しているところとちがっているところもあり、良心が許しませぬので、甚だ大兄に対しては御気の毒ではありますが、致しませぬので御諒解お願いします。（中略）失礼乍ら私に御送付になりました分の代金を封入いたしておきました。(6)


「永田鉄山将軍の霊」とあるように、永田は昭和十年八月に相沢三郎中佐に殺害されており、この時（昭和三十年）は死後すでに二十年も経っている。それでも、今村は荒木寄りに書かれた伝記の内容に納得出来ず、その推薦を断っている。「認めておりませぬ」というのが「自分（今村）は知らない」という意味か「事実とは思えない」という意味かは判然としないが、いずれにしろ橘川の記す「荒木側の見解」を肯定していないことは確かだ。

　さらには「良心が許しませぬ」とまで述べ、献呈された本の代金まで送って橘川に「貸し」を作らないようにしている。

　今村は、荒木の軍政が大東亜戦争時の陸軍に与えた影響についても否定的に見ている。戦後、海軍の小柳富次元少将が行なった聞き取り調査で、小柳の海軍からみると陸軍は科学と云うことに感心が薄く、兵数を増備することにのみ腐心し、近代的整備を疎かにしたように思うが、如何なものか。

という問いに次のように答えている。

正にその通りである。それでも日露戦争の直後には、戦争に勝ったのは火器の力によるものとして、うんと射撃の練度向上を強調されたものだ。それが、荒木陸相の時代になると、精神主義強調の余り、射撃などによりは斬込みなどと凡そ科学とは逆行するような傾向になった。これがため、陸軍整備の近代化は著しく立遅れとなり、今度の大戦で著しくその欠陥を暴露することになった。これと云うのも、満州事変や支那事変で支那と云う弱い陸軍と戦ばかりしていたので深刻な反省を欠いたためである。[7]

部隊長

さて、作戦課長という要職から離れた今村は、連隊長として励んでいた。今村は平時に「将校に任ぜられたもの」が「最も光栄を感ずるもの」として「中、少尉時代の新兵教官、大尉時代の中隊長、佐官時代の連隊長、将官となっては師団長」と述べているように、一面では心おどるものであった。

翌昭和八（一九三三）年八月には陸軍習志野学校幹事、十年三月には少将に進級し、さらに歩兵第四十旅団長となる。

今村が第四十旅団長に任命されるに際し、ひとつの挿話がある。今村は異動前に三宅坂の陸軍省を訪ねた際、人事局長から東京の第一旅団長に補職されるという話を聞かされていた。ところが、実際に発表されたのは朝鮮の京城（竜山）にある第四十旅団長である。新人事が発表された当日に陸相官邸で開かれた夕食会にて、人事局長の松浦淳六郎からこの人事の内情を聞かされた。

「君には相すまんことをした。ご内奏の直前までは東京にきまっておったのに、工藤義雄少将から〝家内が病気で東京を離れにくい。朝鮮行を、他に変更してはくれられまいか〟との申入れがあり、そのため君と工藤君の任地を、とりかえるよりしかたがなくなってしまいました」
「そうでしたか。工藤さんの奥さんの話は初耳ですが、実を申上げると、あなたの局長室で、東京とうけたまわったときは失望しました。……せっかく隊附勤務の幸運に恵まれながら、軍隊錬成に、一番不便な東京は、困ったものだと……。それが昨日の命課通報で、竜山とわかったときは、大きな愉快を覚えたものでありました」
「そうお聞きして安心しました。どうかご健康に留意して下さい」

今村は異動先が東京から朝鮮の竜山の旅団になったことを、むしろ喜んでいたのである。ただし、今村によればこの人事にも派閥抗争とからめる輩もおり、今村が転出になった件について皇道派の荒木らが「同派の工藤少将を東京の旅団長にあて、今村を朝鮮に追放した」との噂も出たらしい。これは今村自身が否定し、工藤とは職場を共にしたこともある親しい仲であり、派閥に加わるような人間ではない、と断言している。

異動先が朝鮮に代わったことは、今村に思わぬ運命をもたらした。この翌年に勃発した二・二六事件において、関係者を出した部隊の大佐以上は、監督不行き届きの責任を取らされ、予備役に回された。その中には、工藤義雄少将も入っていたのである。もし工藤の妻が病気でなければ、現役を去っていたのは今村の方だったかもしれない。

朝鮮の今村

旅団長という職は、それほど忙しいものではなかった。今村曰く、旅団は「戦時における師団の運用上、この存在を有利とするため、それに備えているもの」であった。師団は戦略単位として戦闘から経理、兵器、馬事全ての機能を備え、連隊はその下で戦術単位として十分な権限を委ねられている。

しかし、旅団長となると副官二名、書記を担当する下士官二名がいるだけであり、伝令も連隊から来ているものが二、三名、経理や兵器、衛生についてはなんら関わりを持たなかった。それゆえ、隷下二つの連隊の野外訓練以外にはすることがあまりなく、読書にいそしんでいたという。今村は忙しくて戦史などに触れる余裕のない連隊長に対し、その資料を供していた。

ある時、今村は部隊の夜間演習に参加した。演習が終わった後、暗闇だったせいか近くに今村がいるのに気が付かず、数人の兵士がタバコを吸いながら雑談を始めた。彼らの話を聞いていると、それは酒保（駐屯地などにある売店）で売っているタバコに関する愚痴だった。タバコを吸わない今村が彼らの話に耳を傾けていると、酒保で売っているタバコはかなりまずいという内容だった。うまいタバコは値段が高く、兵隊たちでは買えない。値段の安い「ほまれ」という種類はうまいものの、これは朝鮮では販売されていないという。

「朝鮮は、総督府で煙草専売をやっており、内地の煙草は、いっさい税関で入れないことにしているからだ」

「でも、満州にいる兵隊は、みんな〝ほまれ〟を喫っているそうだ。兵隊にだけは、あれをすわせたっていいじゃないか。上の人はこんなことに、気がつかんでいるのかな」

「気などつくもんか。上の人たちは、増俸は多いし、高い良いのを買って喫ってるからよ」

「そうだろうな。酒保でうってるこれが、どんなまずいものか、知ってはいまいからな」

これを聞いた今村は、早速副官に聞いて「ほまれ」かそれと同じ品質のものを朝鮮でも売れないか、と聞いてみた。今村の意を受けた副官は奔走してみたものの、総督府（当時の朝鮮総督は宇垣一成）と朝鮮軍の間で感情の疎隔まであるらしく、うまくいかなかった。

それから今村や他の内地から来た将官が招かれ、総督府の部長以上が出席する夕食会が開かれたことがあった。その際、今村の近くには内務官僚で新しく総督府煙草専売局長となった安井誠一郎（のちの東京都知事）が座っていた。そこで今村は、兵隊たちから聞いた話を伝え、タバコの件を切り出したのである。

「私にはどうしても、この問題の解決されないことが、理解されません。私は宇垣さんが、総督になられる前の陸相時代、その下僚として、必任兵役義務者待遇改善審議の仕事を仰せつかり、大臣の熱意に鞭撻された一人でした。その人の朝鮮統治の背景として、内地から派遣されてる薄給の兵に、内地の兵同様の廉い煙草をのませないなどということは、きっと下僚だけの考えで回答し、総督には知らせんでいるためとより思われません。（中略）どうか多年の懸案を解決するよう、お骨折りを願いたいものです」

　今村の願いに対して安井はただちに調査し、一週間以内に連絡すると約束した。そして五日ほど経ってから、約束通り安井から電話がかかってきた。安井からの電話では、「ほまれ」と同等のものをつくるのは全く問題がない、しかし名前まで一緒には出来ないのとタバコを入れる袋の図案を考えてほしい、というものだった。

　これを受けて、新しいタバコの名前を「ほまれ」に対して「いさお」というものにし、図案は陸軍軍人で画家でもあった今村嘉吉中佐（今村との血縁関係はない）に描いてもらい、新タバコは出来上がった。兵隊たちには「ほまれ」とちっとも変わらない味として評判となった。

関東軍参謀副長

　今村が朝鮮に赴いた昭和十（一九三五）年の八月、中央では大事件が起きた。今村に作戦課長になるように説得し、陸軍の未来を担うとされた永田鉄山軍務局長が、執務中に相沢三郎中佐によって殺害されたのである。

　事件の詳細についてはここでは述べないが、相沢はいわゆる「皇道派」の将校の一人とされ、荒木貞夫や真崎甚三郎に近かった。この時には対ソ戦略などを巡って永田と小畑敏四郎の決裂は決定的なものとなっており、小畑を庇護した荒木、真崎らも永田とは対立していた。その上で、犬養内閣下の荒木は陸相としての手腕に疑問を持たれるようになり、次第に省部（陸軍省と参謀本部）のエリート中堅将校に見限られるようになっていた。信望を失った荒木は体調を崩したことをきっかけに陸相を辞任し、皇道派の一角が崩れることになった。

さらに、参謀次長から教育総監になった真崎も従来の自派優遇の人事に対する反発を受けており、荒木に代わって陸相になった林銑十郎と対立した。この時、林のもとで軍務局長に就任したのが永田であった。林は永田や、さらに陸士同期の渡辺錠太郎（陸軍大将）の助けもあり、林を教育総監から追い出して渡辺を迎えることになった。そして真崎追い出しの黒幕として名前が上がったのが永田であり、これが相沢中佐による永田殺害の要因の一つともなったのである。(8)

この事件は、相沢の「同志」である青年将校らに強烈な刺激を与えた。彼らは相沢の裁判を支援し、さらには自分たちも行動を起こす準備を始めた。それこそ、翌昭和十一年二月二十六日に起きた、「二・二六事件」である。よく知られているように、この事件は一部の青年将校が在京部隊を率いて政府や軍の要人を殺害し、参謀本部などの拠点を占領した事件である。この時殺害された人々の中には、真崎の後に教育総監になった渡辺錠太郎も含まれている(9)。

事件収束後は、決起した将校はもちろんのこと、これに同情的とみられた荒木、真崎らのみならず、大規模な処分が行われた。この時中央にいなかった今村は、直接関係がないのはもちろんのこと、騒動の余波をくらうこともなかった。ただし、三月の定期異動で大幅な人事の入れ替えは行われた。陸軍中央では現役の大将（荒木、真崎を含む）のほとんどが予備役に入れられ、陸相は寺内寿一、次官は梅津美治郎、関東軍司令官に植田謙吉、参謀長に板垣征四郎、そして今村も関東軍参謀副長へと移ることになる。しばらく連隊長や旅団長などをつとめた今村であるが、再び参謀職となったのである。

内蒙工作

今村の関東軍参謀副長就任は、軍外でも評判が良かった。内務官僚で当時関東局司政部長の武部六蔵はその日記（三月二十六日の条）に板垣と今村の新人事について「蓋し良き異動なり」と記している(10)。また、武部は今村について「温顔なれども理義明白の好漢なり」

とも述べている。[11]

今村が関東軍参謀副長になった時、関東軍には再び謀略の気配が漂っていた。当時、満洲国と接する蒙古（モンゴル）には、蒙古軍総司令部が成立していたが、関東軍では蒙古の中華民国よりの独立を支援していたのである。

蒙古独立運動の中心となっていたのは、徳王という人物である。徳王は察哈爾省北部のシリンゴール盟の副盟長で、チンギスハーンの血を引いていた。中国で辛亥革命が起きた時、内蒙古でも独立騒動が起きた。徳王はこの時は独立の動きに参加せず、北京に成立した新政府からは新しく爵位を受ける。しかし青年となった徳王は歴史、特にチンギスハーンの事績に憧れるようになった。次第にモンゴル人は他民族に優越するものだと思うようになり、末裔としてその偉業を継承しなければならない、と考えるようになる。[12]

徳王は当初、中華民国のもとで内蒙古の高度な自治を獲得しようと考えていた。しかし昭和九（一九三四）年九月、彼の側近が蔣介石の憲兵団に殺害されると強い不満を持つようになった。そこで蒙古独立の理想を果たすために選ばれたのが、内蒙古進出を目論む関東軍であった。[13]

関東軍は徳王と接触し、「内蒙工作」と呼ばれる独立工作を開始した。その一環として行われたのが、今村が関東軍参謀副長就任後に勃発した、「綏遠事件」である。

昭和十一年五月十二日に蒙古族の雲王を主席、徳王を総裁とする蒙古軍政府が成立したが、この軍政府の財政基盤確立のために計画されたのが、綏遠省東部の土地を奪い取ることであった。昭和十年から内蒙工作に関与していた田中隆吉によれば、徳王は綏遠省の旧蒙古地域併合のために満洲国の援助を要求してきたという。そこで田中は関東軍司令官の植田謙吉と参謀長の板垣征四郎の意を受けて「軍隊の訓練不十分の現状に於ては失敗に終わる公算が多い」ことを徳王に説明した。[14]

しかし、徳王は説得に応じず、結局田中は助言者として九月末に徳王のもとに派遣されることになった。徳王の部隊は十一月中旬綏遠省の百霊廟を占領するも、綏遠省長の傅作義によって撃退される。

証言からみえてくる真相

田中によれば、この後関東軍第二課長の武藤章大佐が訪れ、徳王に百霊廟の恢復を命じたとされている。田中はそれを「無用の愚策」であると注意したが、武藤は聞き入れなかったという。[15]ただ、これはあくまで田中がそう書いているだけで、実際はかなり疑わしい。

田中が名指しする武藤の回想によれば、そもそも田中は徳王敗北後に「神経衰弱にかかりどうすることも出来ぬ始末」となり、武藤が代わりに出向いて「頑強に主張する徳王をなだめて兵を後方に退」けた、という話になっている。[16]

武藤の証言には裏付けもある。当事者である徳王本人が自伝において「田中隆吉は今回の戦いの首謀者・指揮者」と述べており[17]、田中も綏遠省への侵攻に乗り気だったことがうかがえる。さらに徳王は次のようにも述べている。

武藤章は兵力を集中させ、騎兵と砲兵との連携を保ちながら作戦できるように、蒙古軍の九個師を六個師に再編して、各師に砲兵中隊を配置するよう主張するとともに、各師に四門の山砲をくれると約束した。当時、私も武藤の主張には道理が備わり、軍事原則に合致しているのみならず、蒙古軍は山砲を何門か余計にもらえて、部隊の編成・装備を強化できると思った。しかし、私はつねに蒙古軍の拡大ばかりを考えて、縮小を望まなかった。[18]

これは、武藤のいう「兵を後方に退け」という証言ともほぼ一致する。徳王の自伝は中国共産党支配下で書かれたものであり、また自伝という形式の性質上、自分の責任を軽くし、「日本帝国主義」の侵略性を強調している点は十分に注意する必要がある。

ただし、本当に武藤の方が強硬であれば武藤を庇って田中を批難する必要性はなく、田中が主体的だったという証言は概ね正しいとみてよいのではないだろうか。

なお、内蒙工作が進行中、参謀本部の石原莞爾が陸軍中央の意向、すなわち「工作を中止せよ」ということを伝えにきている。石原がこれを伝えにきた場所には今村もおり、第二課長の武藤章や他の参謀らもいた。ところが、石原の話を聞いた武藤は、

「本気でそう申されるとは驚きました。私はあなたが、満州事変で大活躍された時分、この席におられる今村副長といっしょに、参謀本部の作戦課に勤務し、よくあなたの行動をみており、大いに感心したものです。そのあなたのされた行動を見習い、その通りを内蒙で、実行しているものです」

と切り返して他の参謀たちも笑い声をあげ、さすがの石原も一言もなかったという。確かに、いくら「内蒙工作中止」という中央の意思が正しかったとしても、それを伝えるの

がかつて関東軍で謀略の主導者だった石原だとあれば、説得力は格段に乏しくなる。

今村の役割

今村自身は、綏遠事件にはそれほどの関わりは持たなかったようだ。今村によれば、着任から三、四カ月したある日、田中隆吉が訪ねてきて、内蒙工作に関する話をした。

「実は板垣参謀長が、北支通州の、殷汝耕政権と連絡のため、明後日飛行機で行くことになっていましたのが、都合上行けなくなり、〝副長に行ってもらえ〟と云っております。是非都合して行っていただきたいものです」

「参謀長からは、何も聞いていない。殷政権と関東軍とは、何か関係があるのですか」

「まだご着任日が浅いので、内蒙工作と関連する殷政権との連絡のことは、申上げてありませんでした。この工作は中央──と申しましても石原将軍──と意見を別にしており、板垣さんの全責任の上で、軍司令部内でも秘密とし、企画をすすめていることです」

　ここで言及されている「殷汝耕」とは、昭和十（一九三五）年十一月に日本の後押しで成立した自治政府「冀東防共自治政府」（成立時は冀東防共自治委員会）の指導者のことである。「冀東」の「冀」とは河北省のことであり、河北省東部を支配したことからこのように称した。[19]また、石原は当時参謀本部第一部で戦争指導課長をつとめていたが、この戦争指導課そのものが、石原の主唱で作られたものであった。田中の発言にあるように、石原をはじめとする参謀本部では、内蒙工作には反対の空気が強かったのである。

「内蒙工作の必要はともかく、殷政権との関係は？」
「内蒙工作が、石原作戦部長[20]の反対で、何等中央から援助を得られない以上、何とかして内蒙を動かす財源を見つけることが必要になりました」

　殷政権は日本からの輸入品に課税して資金を得ていたため、政権に保護を与える代わりに徳王への資金援助を行わせる、という。殷汝耕は、政権の基盤が確かなものであると知らしめるために関東軍参謀長を招いたのだが、関東軍も殷汝耕を信頼していることを示すため、連絡に行く必要がある、というのである。

今村は冀東へと赴いた。殷汝耕は日本の早稲田大学を卒業しており、さらに妻が日本人ということもあって流暢な日本語を話した。しかし、徳王援助については何も言わなかった。ところが今村が殷との連絡を終えて帰りぎわ、一人だけ別室に呼び出された。そこで殷は丸テーブルの上に置いてある紙包を今村に差し出したのである。

「これは甚だ軽少でありますが、冀東政権の関東軍に対する御礼のしるしまでに、さし上げたいと存じます。お受取り願えれば幸甚の至りです」

見ると、札束のようであった。

「殷閣下！　御厚意は感謝いたします。貴政権が、関東軍の援助を多としておられる気持ちは、よくわかりました。しかし関東軍は大きな力をもっており、日本政府以外のどこからも、ご援助をいただく必要はありませんので、ご心配は、ご無用にしていただきます」

今村は紙包を受け取らず、すぐに部屋を出た。すると帰りの自動車の中で田中が「殷主席が何か渡しませんでしたか」と話しかけてきた。今村が紙包のことを話すと、田中はそれが徳王への援助であると話したのである。

「副長にいっておくべきことを、すっかり忘れていました。あれが徳王政府への援助金でありました」

「そうでしたか。関東軍に対する謝礼と云ったので、〝謝礼などはいらない〟といって出てきた」

「あれは百万円包んであった筈です。徳王政府に、新しく騎兵一個連隊を作らせるための費用でありました」

「それなら殷政権に、馬なり、鞍なり、武器を買入れさせ、それを徳王に送らせたほうがよい。関東軍の参謀長なり、副長の私なりが、直接、金包を受けとるようなことは、軍の権威上あってはならないことだ」

と断言したのである。

今村の反省

日本からの輸入品の課税によって収益を得ていた殷政権だが、これは長続きしなかった。日本と輸入業者は次第に政権の目を盗む密貿易を行うようになり、これが拡大するに従って税収も下がっていった。そうなると、徳王政府への援助もやりにくくなる。殷政府を頼れなくなった以上、内蒙工作の資金は関東軍が出すしかなくなり、そのために軍中央への陳情が必要だった。そして三百万円の資金の配分を要請するために選ばれた使者が、今村だったのである。

当時、陸軍次官は梅津美治郎だった。陸大受験で今村の試験勉強を手伝い、満洲事変でも中央の要職にある身として苦労を分ち合った仲である。今村は、こうした関係を知っていた周囲の人間が、「私に説かせれば、次官は諒解を与えるかもしれない」と考えたのだろう、と記している。今村は東京に赴き、梅津と二人で一時間ほど会談した。そして梅津から、「君の説明はそれで終ったのか」と聞かれた後、鋭い質問を受けた。

「では二、三私から聞いておく。第一は、先だって石原少将を満州にやり、内蒙工作に対する意思を伝えさせたときの、関東軍幕僚たちの、同少将に対する態度は、あれは何です」

「石原に対する態度」とは、先の武藤らが石原の言説を逆手にとってからかったことを指す。

「私は中央の派遣使節の人選が、当を得ていなかったためと思います。が、中央を代表した人に対し、軍参謀どもの示した態度は、不都合のものであり、申訳ないことでありました」

今村の言い分にも一理ある。確かに、「関東軍の工作」を中止させようとするのに、石原はその経歴上、最も説得力にかける。あの場でうまく言い返したのは武藤章という人物の特徴かもしれないが、彼ならずとも「石原がそれを言うか」とは思ったに違いない。

さらに梅津は続けて関東軍がいまだに内蒙工作を中止しないことを批難すると、今村は「ソ連の赤化工作と、蔣政権の策謀」とに対抗するために必要である旨を弁解すると、さらに問い詰めてきた。

「よろしい、仮りにそうだとするなら、なぜ関東軍は、石原派遣の直後、軍参謀長なり君なりが上京の上、中央の長官に、軍司令官の希望を具申し、その諒解を求めることをしなかったのか」

「誠におくれて相すみません。それでこのたび私に上京を命ぜられたのであります」

しかし梅津は納得しなかった。「左様な申訳は立ちません」と返し、「今日に至っては、すべてをぶちまけて云っておかなければならん」と思っていたことを今村に打ち明けた。梅津曰く、前任の関東軍参謀副長西尾寿造の時から、中央の統制に従わない関東軍の統制回復につとめていた。

西尾の努力でその弊風はだいぶ矯正されたものの、まだ根絶には至っていない。そこで、梅津とともに関東軍の独走に悩まされた今村であれば、その矯正に努力するだろう、と期待していたという。梅津は、その後今村の「悪評」が関東軍から流れてきて、その原因を知るたびに「君をあの位置にすえたのはよかった」と思っていた。そして梅津は、一個人としては今村が関東軍の内蒙工作を庇っているのをわからないものでもない、赤化工作と蔣介石への心配もわかる、としつつも「しかし何よりも大きな緊要事は」と指摘する。

「かつて五年前君が力説した、軍律の統制に服する軍紀の刷新なのだ。（中略）〝居は人の心を移す〟のか。遂に君も満化し、かつての石原の後を追おうとしている……」

そういって、梅津は今村をみつめた。「その眼はうるんでいる」とまで今村は書いている。この言葉にすっかり打たれた今村は、うなだれるしかなかった。そして梅津の言を入れ、そのまま満洲の新京へと帰った。彼はこの時のことを、「右の梅津中将のおしえぐらい、私を懺悔させたものは他には少ない」と振り返っている。

日中戦争勃発

今村は昭和十二(一九三七)年八月に歩兵学校幹事となり、十三年一月には兵務局長となった。兵務局は昭和十一年七月に設置された新しい部局で、それまで軍務局にあった兵務課、防備課、馬政課が移管されて作られた。兵務課は、憲兵を司る部署である。この時期の今村について、当時陸軍省人事局に勤めていた額田坦は次のように回想している。

今村兵務局長はあまりに善人過ぎて「良し」と想えば、すぐ同意されるなど、役所向きではないとの評があった。[21]

今村は、決して中央の軍官僚として無能であったわけではない。だからこそ、軍事課、作戦課と重要部署を渡り歩き、今また兵務局長として戻ってきたのである。

しかし、周囲から期待された水準には達していないとみられたのかもしれない。「陸大主席卒」という肩書きは自然と周囲に高い期待を抱かせたであろうし、また憲兵という「軍事警察」を司る必要上、「善人」である今村の性格が向いていなかったのも事実であろう。人を疑うよりも信じる方に重きを置く今村の性格は、兵務局長としてはマイナスだったのかもしれない。

そのためもあってか、今村は同年（昭和十三年）の十一月には師団長として再び中央を離れる。これで今村は、「最も光栄を感ずるもの」と述べたうち中隊長、連隊長、師団長の三つを経験することになった。そしてここで、今村は初めて実戦の指揮を執ることになった。それが、盧溝橋事件に始まる日中戦争である。

日中戦争が勃発したのは、今村が歩兵学校幹事になる直前の昭和十二年七月七日のことである。きっかけは、北京（当時は北平といった）郊外の盧溝橋付近で起こった日中両軍の偶発的な衝突である。この時、盧溝橋付近では支那駐屯軍に所属する一部隊が夜間演習を行なっていた。演習は、中国側にも事前通告されていた。ところが、演習が一段落した時に銃撃を受け、ついに日本軍の反撃を招くに至ったのである。

この事件は、現地における日中両軍の交渉ですぐに収束するかにみえた。ところが、陸軍中央では居留民や支那駐屯軍を保護する必要から内地師団の派遣を主張する強硬派がおり、早期収束を狙う石原莞爾らと対立した。

日本から師団を派遣する案はたびたび延期されたものの、結局行われることになった。石原も当初は事変を小規模に抑えようとしていたが、中国側からの攻撃が幾度か行われ、このままでは居留民や現地軍の安全を保障出来ないとして派遣に踏み切ったのである。

盧溝橋事件発生当時、今村はまだ関東軍参謀副長だった。参謀長は板垣征四郎から東條英機になっており、石原莞爾は参謀本部作戦部長だった。関東軍は支那駐屯軍から増援の要請を受けており、今村は関東軍の対応（強硬論）を中央に説明するためにたった一日の滞在予定で冨永恭次（大佐、のち中将）、田中隆吉の二人を伴って東京へとやってきた。
今村が驚いたことには、参謀本部で石原莞爾の不拡大主義に同意しているのは部下の第二課長河辺虎四郎他二、三名だけであり、他はほとんど反対だったという。

今村の立場

河辺は今村と一対一で対面し、率直にその心境を述べた。

「率直に申します。私は周囲が、どんなに不拡大方針に反対しようと驚きません。が関東軍司令官の意図によるものとはいえ、あなたご自身が——満州事変当時、あんなに不拡大方針に懸命となり且つ苦心を重ねられていながら、現在の石原部長の不拡大方針に反する意見書を持参され、同部長を苦しませることは、武士道上、大いに遺憾とします」

前述の通り、河辺はかつて今村作戦課長のもとで作戦班長をつとめ、その苦労を間近にみていたのである。その今村が、現在の石原の立場をわからないはずがない、いくら司令官の命令とはいえ、と批判的に意見を述べたのである。今村は、この河辺の言葉に感動した。

「河辺君！　君の言葉の通りだ。私は天津から帰る早朝、唯一日だけの滞在で、命令によってやって来た以上、意見書は提出しなければならない。が、私の口からは何もいわんことにする。……石原君をめぐり、意見のごたごたしていることは、ここに来て初めて知ったことです。が、君のいう通り、六年前の私自身をかえりみて何とも相すまないことだった」

今村が持参した意見書というのは、事件を中支南支に拡大させないため、ただちに兵力を派遣しなければならない、というものだった。要するに、早期の事件終結のために兵力を動員し、中国側に大打撃を加えよ、というものである。

今村によれば、この意見書は東條参謀長のもとで竹下義晴、片倉衷などが作成し、後から今村も加わって検討したものだった。今村は、「もし私がこれに絶対反対を表明していたなら、この意見書は出さずにすんだかもしれない」と反省している。今村が自身で反省するこの「失敗」は、河辺の回顧録には書かれていない。つまり、今村は他人が指摘していない自分の失敗を告白したことになる。
ところで、今村は先に梅津に内蒙工作への関与を咎められてこれを大いに反省しながら、なぜまた兵力派遣の意見書を提出することになったのだろうか。今村の評伝を書いた角田房子は、部下である島貫重節の次のような証言を記している。

「〝聡明なるが故の弱点〟ではなかったでしょうか。今村さんは頭脳明晰なので、先が見えるのですよ。見えすぎるほどに……。この時も、反対してみても結果は〝拡大〟だと、とっさに先を読んで、何を言ってみても無駄だ……という気持になってしまったのではないでしょうか[22]」

しかし角田は「そういう解釈もあろうが」と、この時の意見書の提出に関する騒動は今村がみせた隙であると指摘する[23]。結局、今村は意見書を参謀本部に手渡したものの、関東軍の意見を押し通すようなことはしなかった。石原に対しては、

「事変の勃発でご苦心でしょう。どうか健康に留意してくれ給え。関東軍の意見書は、

二部庶務課に出しておきました」

これだけ言って今村は参謀本部を去り、新京に戻った。帰って早々、今村は千葉の歩兵学校教官に補されたのである。

戦場へ

前述のように、昭和十三（一九三八）年十一月、今村は第五師団長となり、戦場へと赴いた。この年一月には近衛文麿首相による「国民政府を対手とせず」声明が出され、駐華ドイツ大使トラウトマンを仲介して行われていた和平工作は打ち切りとなった。(24)

今村が兵務局長時代、上司となる陸相は縁のある板垣征四郎だった。十一月下旬、今村は板垣から大臣室へと呼ばれた。

「今日、君と阿南局長両名の師団長任命のことを内奏申上げ、允裁あらせられた。明日親補式を行なわせられる。君は第五師団長だ。広島の師団は、山西の戦でひどい損害を受け、僕はその時の師団長として責任を感じている。が、勝利のためには、損害を顧みてはいられない。だがな、兵を病気では斃さないように留意したまえ。戦闘の損害と同じぐらいに、兵は戦地で病気にいためられる。師団の将兵に、板垣が健康と武運とを祈っていると伝えてほしい」

こうして今村は親しい先輩から直々に師団長としての心得を授けられ、中国へと旅立ったのである。第五師団は板垣の後に安藤利吉が長となっていたが、その安藤が第二十一軍司令官となるに従い、今村にお鉢が回ってきたのである。

陸軍では、兵隊指揮というものは、師団長が最高のものと云い得る。その上の軍司令官なり、方面司令官なり、総軍司令官なりは、兵団の運用を司るというほうが適当であり、戦闘部隊よりは、ずっと遠く後方におり、特別の情況以外の時は、多くは、無線電信手段により、司令するものである。師団長も、もとより多く無線を使用する。が、いざというときは、すぐに馬を戦線にはしらせて、直接に指揮し得る。私はその分にあらざる身を以て、この栄職に就かしめられたのだ。

高揚した今村の気分がうかがえる。彼はついに、兵隊を指揮する立場としては最高の師団長として戦場に赴くことになったのである。

今村が指揮する広島の第五師団は広東省の仏山街という場所に司令部を置いていた。同街は当時の人口約二十万人ほどの大平野である。この師団は今村が着任して一カ月後、黄埔港から船に乗り、青島に上陸し北支方面軍（杉山元大将）指揮下の第十二軍の下に入ることを命じられた。こうして今村と第五師団は、着任早々南支から大きく移動して北支に移ることになったのである。

ノモンハン事件

昭和十四（一九三九）年一月一日、今村らは師団を運ぶ輸送船団の一つに乗り、青島港に入った。中国は戦地とはいえ、全ての地域で戦闘が起こっていたわけではない。今村はしばらく平穏な日々を過ごした。しかし九月になって、急に慌ただしくなった。参謀本部、方面軍、軍の三つの上役から、速やかに大連に移動し、関東軍司令官の指揮下に入るよう命令されたのである。「情勢は急迫しているにちがいない」とみてとった今村は、五十数カ所に分散している部隊に港への集結命令を出した。

実はこの時、満洲と蒙古人民共和国（外蒙古）との国境で、関東軍とソ連軍の死闘が行われていた。有名な「ノモンハン事件」である。事件は昭和十三年五月、日満とソ蒙との間で国境の認識が異なる場所「ノモンハン」を外蒙軍が「越境」してきたことから起きた。外蒙と満洲国軍の衝突を聞いてこの地区の警備を担当する関東軍麾下の第二十三師団（小松原道太郎中将）はただちに越境してきた敵を撃退すべく、東八百蔵中佐の部隊を派遣する。

ここから、事件は日満軍対ソ蒙軍の大規模な衝突に発展する。関東軍では作戦主任参謀の服部卓四郎や辻政信などをはじめ、多くの参謀が強硬論に与した。事件は九月十五日の停戦協定まで続き、第二十三師団は壊滅的な打撃を受けた。[25]

今村の第五師団が関東軍指揮下に置かれた理由は、まさしくこの「事件」のためだった。大きな損害を受けた関東軍では司令官の植田謙吉と参謀長の磯谷廉介が予備役に編入され、中央でも参謀次長の中島鉄蔵、作戦課長の稲田正純などが更迭された。

新関東軍司令官は、今村と何かと縁のある梅津美治郎である。今村は馴染みのある新京の司令部で梅津と会い、労をねぎらわれた。

「第五師団はご苦労です。自分も急に転職の電命を受け、一昨日山西から飛行機でここに着き、戦況の大体は承知し得た。かつてお互いに心配しあった、関東軍参謀たちの気分は、満州事変の時のものが、まだ残っていたのか、こんな不準備のうちに、ソ連軍に応じてしまい、軍外の君の師団までを、煩わさなければならないことに導いてしまった。（中略）ともかく、早く参謀を交戦中の荻洲軍司令部に派遣し、必要の連絡をとることにし給え」

この時はまだ駐ソ大使重光葵による停戦協定の交渉中で、戦場は新設された荻洲立兵中将の第六軍が担当していた。梅津もまた、かつて共に苦労を分ち合った今村の到着を感慨深く思ったことだろう。

「私の師団の戦闘加入により敵に停戦意思を起こさせるよう奮闘いたします。唯一点、お願いしておきたいことがあります。師団より先遣しました連絡参謀の言によりますと、『第一線軍又は師団の責任指揮官をさしぬき、関東軍参謀が、挺身第一線に進出することはよいとして、これが部隊に直接攻撃を命じたり叱咤したりして、多くの損害を蒙らしめている』と、前線の責任者は、痛憤しているとのことであります。もしさようのことが真であり、私の師団にもやって来て、職分でないことをいたしましたなら、私はこれを取りおさえ、軍司令部に送り届ける決意をいたしております。この点、予め諒承しておいていただきます」

今村は、具体名は挙げていないが、この「挺身第一線」に進出して指揮官を差し置いて部隊に指示する参謀は辻政信少佐とみられている。[26]梅津はそのような参謀はもう更迭されているはず、としながらも、改めて「よく訓戒し、逸脱行為に出でしめないことにする」と今村の申し出を快諾した。幸いなことに、今村の師団は戦場に投入されることなく、停戦協定の締結をみたのである。

南寧へ

ノモンハンでは戦場投入直前に運良く停戦が行われた今村だが、改めて別の戦場に回されることになった。今度は、再び南支（南支那）方面の、南寧である。南寧はソ連と接する満洲国境からはるかに隔たり、ベトナム（当時はフランス領インドシナ）に近い。

南寧が選ばれたのには、当然ながら理由がある。当時、国民政府（蔣介石）は日本との抗戦に際して英米から物資の援助を受けていた。そのルート（援蔣ルート）の一つが、仏印を通るものだったのである。

仏印ルートのうち一つはハイフォン〜ハノイ〜昆明、もう一つがハノイからドンダンを経て、南寧に向かうものだった。仏印ルートについては外交交渉によってもその閉鎖をフランス政府に要請していたものの、なかなか進展をみせなかった。そこで、昭和十四（一九三九）年に入ると南寧を占領してルートを遮断し、同時に奥地攻略のための航空部隊の基地にしようとする案が海軍側から提案されたのである。[27]しかし、陸軍では前年（昭和十三年）の武漢攻略後は対ソ戦備に重点を転換する方針であり、この案に見向きもしなかった。実際にも、ノモンハン事件が起きて南寧に気を回す余裕もなかったのである。[28]

しかし、ノモンハン事件の責任問題で陸軍首脳部が更迭されると、事情は変わった。新作戦部長の富永恭次は南寧攻略作戦に熱意を示し、同じく新参謀次長となった澤田茂に対して「これが支那事変での最後の作戦」と説得し、今村の第五師団を転用することになったのである。もうひとつ、見逃してはならないのは第二次世界大戦(欧州大戦)の勃発である。ノモンハン事件終結直前にナチス・ドイツはポーランドに侵攻し、ソ連と共に領土を分割した。英仏はこれに宣戦を布告した。日本は、この混乱で欧米がアジアへ注力する余裕が

なくなったとみたのである。(29)

今村の師団は再び輸送船に乗り、広西省の欽州湾(現・広西チワン族自治区)から上陸した。欽州から南寧へは二百キロ以上の自動車道路があったが、これは蔣介石の命令によって破壊されてしまっていた。第五師団二万五千人は、七日分の精米を持って道なき道を進みはじめた。途中、予想以上に時間がかかり、食料がなくなってしまう事態に陥ったものの、南寧攻略自体は敵の不意を突いたことで比較的成功裡に終わった。かくして南寧は占領されたのだが、ここからが大変だった。

蔣介石の反撃

今村は、さらに国境付近の龍州および鎮南関を攻略し、集積されている軍需物資の獲得を麾下の部隊に命じた。攻略に向かうのは、及川源七少将率いる及川支隊である。及川支隊は昭和十四年十二月十七日行動を開始した。

及川支隊の麾下にあった山縣栗花生大佐率いる歩兵第十一連隊は先に出発し、二十一日に鎮南関を、支隊も同日龍州の占領に成功した。ところが、支隊は二十三日に急遽帰還すべく師団からの命令を受け、翌日急いできた道を帰ることになった。実はこの時、蔣介石

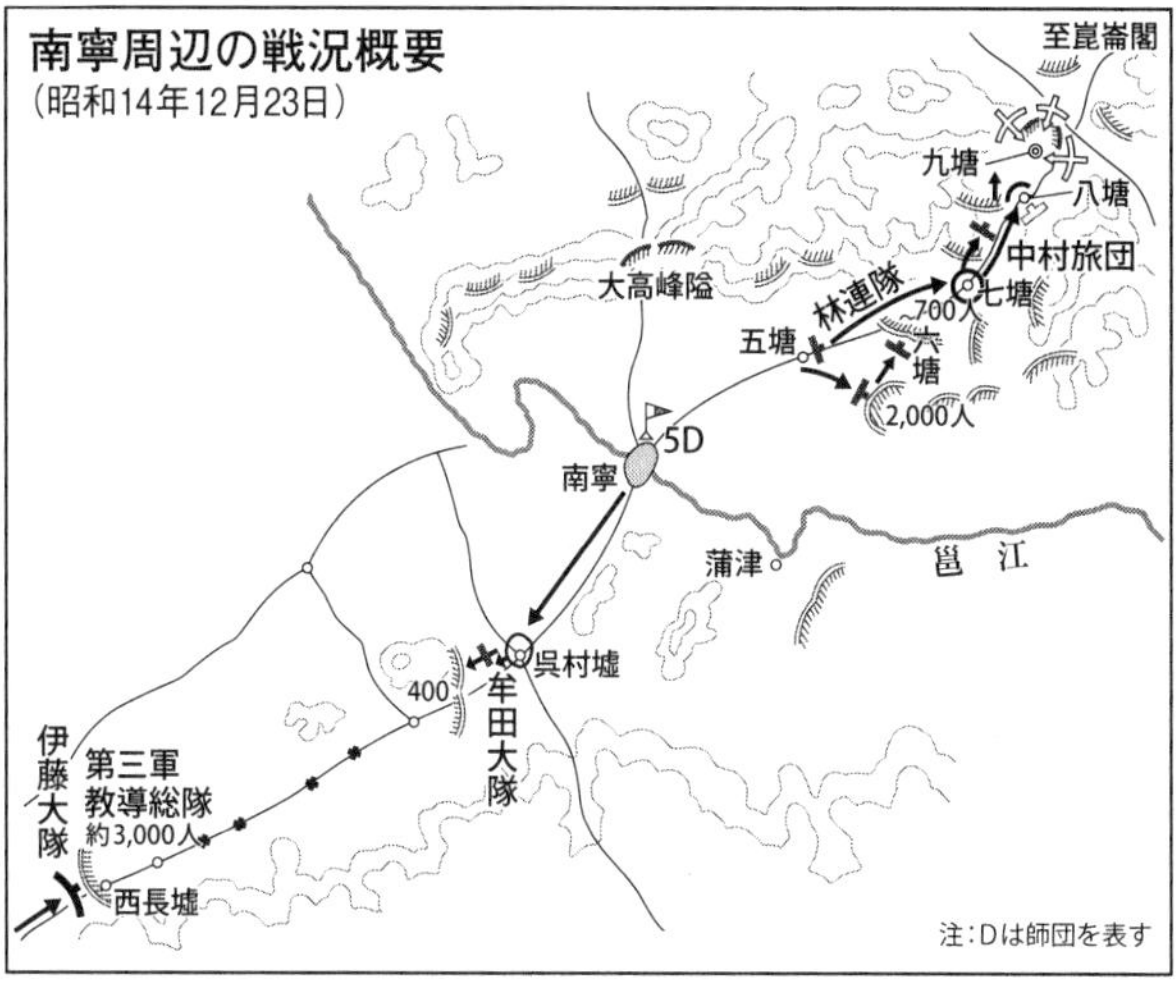

出所：『戦史叢書』等を参考に筆者作成

によって南寧への反攻が行われようとしていたのである。(30)

重慶軍（国民政府軍のこと。以下同じ）が南寧北東方約五十キロの第一線部隊に攻撃をしかけてきたのは、及川支隊が出発した十二月十七日のことだった。実は当時、今村は敵軍十万が南寧に押し寄せてくる、との情報を得ていたものの、地形の上から考えてあり得ない、と判断していた。今村は「これは実に大きな過失だった」と反省している。

重慶軍から攻撃を受けた部隊は、南寧から脱出した敵を追撃するために進出していた歩兵第四十二連隊第二大隊（松本総三郎少佐）で、九塘の先にある崑崙関という場所だった。ここには約八百名の部隊がおり、十六日ごろから重慶側の兵士が工事を始めているのが散見され、攻撃を開始した。その後重慶側は兵力が約千二百、重機関銃四、山砲三、戦車十四と増えてゆき、十七日から熾烈な攻撃を開始するようになった。今村はこれを知ると三木吉之助大佐の歩兵第二十一連隊と、中村正雄少将率いる歩兵第二十一旅団にも救援を命じた。(31)

戦場に到着した三木連隊は、一部によって重慶側が奪取した高地を攻撃、これを攻略した。十九日の払暁には連隊も攻撃を開始したが、すでに重慶側の兵力は五、六千に増加していた。後方連絡線も遮断されたばかりか、同じく救援予定の中村支隊までも途中で敵の妨害を受けてしまう。こうして、崑崙関の松本大隊と三木連隊は、大軍を前に孤立することになってしまう。(32) さらには、救援に赴いたはずの中村支隊は敵と激しい戦闘の末、支隊長が負傷、その怪我がもとで戦死するという状況にまで陥った。

武将が、その部下全員と共に戦い、その戦場で戦死することは、これこそ恵まれた武運といわなければならない。しかし武将は、自己一身の生死を考えるよりは、その部下幾百、千、万の武運を、護り通さなければならない大きな責任を負っている。だから中村少将は、約十倍の敵包囲下に、死闘を繰り返している六千の部下の運命を案じながら逝ったに相違ない。

今村の「軍人哲学」のようなものが感じられる。

激闘

重慶側の反撃は崑崙関だけでなく、南寧の北方約二十キロ、大高峰隘という地点でも行われた。この方面は納見敏郎大佐の部隊が守備しており、十九日から重慶側の攻撃が始まった。しかしこちらは納見部隊のみで撃退し、以後敵側の動きは鈍った。

一方で、崑崙関方面の苦戦は続いた。今村は兵力の不足をどのように補うか種々考えていたが、そこで南寧の後方を守備していた台湾混成旅団（塩田定市少将）から、救援の申し出があった。今村は喜んでこれを受け入れ、林義秀大佐率いる台湾歩兵第一連隊が救援に駆けつける。今村は塩田の決断を多としており、

私の師団が、爾後五十日近い大激戦に耐え得た最大の原因は、塩田少将の恩恵とい

わなければならない。

と感謝している。

さて前線では、すでに弾薬も食料も尽きていた。三木部隊は攻撃してくる敵に竹槍や銃剣で抵抗せざるを得ず、付近の田畑に残っていた食物も食べきってしまっていた。さらには、重慶軍はこの時部隊を交代して新手を繰り出してきたようで、三木部隊への圧力はますます強くなってきた。いよいよ命運が尽きたと思った三木連隊長は、軍旗奉焼、つまり「天皇陛下より授けられた連隊旗」を焼いて玉砕する準備を始めた。しかし、他部隊との連絡から帰ってきた田中実中尉が、

「連隊長殿！　ガソリンさえ準備しておけば、軍旗をお焼き申すことは、一秒間で出来ます。こんなに多い敵、斬りまくればいくらでも斃せる。その後で、敵と刺しちがえての戦死です。第一線の将兵は、三重四重に取りかこまれながら、幾日も食わんで敵と戦っているのです」

「田中！　ほんとうにそうだった。さ、これから又合戦だ！」

こうして連隊は再び敵と白兵戦を交えはじめた。

今村の方はといえば、二十三日には九塘付近で敵と決戦を求める決断を下した。そしてここで及川支隊に帰還するよう命令を出したのである。

一　敵は九塘附近の三木部隊に対し総攻撃を開始し目下激戦中なり。

二　兵団は九塘附近に於て敵に決戦を求めんとす。

三　及川支隊は万難を排し昼夜兼行南寧に向い急進すべし。(33)

その及川支隊の一部で、先行して帰還していた伊藤大隊は途中敵に阻まれ、今村はさらにこれを救出するために手元から兵力（牟田豊治中佐指揮）を割かねばならなかった。

南寧を拠点とする今村の第五師団に対して、重慶側の陣容は相当なものだった。指揮官は桂林行営主任白崇禧、総兵力は十五万を超え、百機以上の飛行機を持っていた。今村らは、この大軍を相手に敵地の中で戦わねばならなかったのである。

出撃案

昭和十四(一九三九)年も終わろうとする十二月二十九日、参謀本部と支那派遣軍、および第二十一軍から南寧へと参謀のグループが視察に訪れた。参謀本部からは次長の澤田、派遣軍からは参謀副長の鈴木宗作、第二十一軍からは参謀副長の佐藤賢了などである。

一行には、悲観的な空気が漂っていた。南寧に来る前日、第五師団を指揮下に入れている第二十一軍に訪れた際は、「このままでは、南寧の第五師団は、壊滅してしまう虞がある」というのである。[34] 今村は、新しい作戦を発動しようとしている軍に迷惑をかけてはいけないと、師団参謀が書いた電報を握りつぶしていたというのである。[35]

憂色の濃い一行であったが、南寧の師団司令部についてみると、その様子は想像とは異なったものだった。支那派遣軍から随行していた井本熊男(当時少佐)によると、一行が到着した時、飛行場は敵の空襲を受けたらしく、付近の建物は燃えていたという。

ただし、司令部に入るとそこは静粛で、人がいないかのような感をうけた。今村は、この戦況下でも司令部内を静粛にするように命じ、駆け足も禁止していたという。一行は来意を告げた後、まずは師団の状況を聞かせてもらった。その時の今村の様子は、髭も剃り、開襟シャツ姿で「あたかも大演習における状況報告を思わせる説明[36]」だったという。つまり、今村の司令部は敵の大軍に包囲された悲壮感を何ら感じさせることなく、今村自身にも動揺した様子がみえなかったということだ。

実は、井本は以前も今村と面識があった。今村が関東軍参謀副長の時で、この時の井本は今村の講話を聞いて「この席の話としてはもっと他に重要な事柄がありそうなものだ」と不満を抱いた。しかし、この時（昭和十四年十二月）改めて今村と再会した井本は、「慚汗三斗の思いで今村観をあらため」ざるを得なかった[37]。

今村はここで、佐藤に求められて戦況の説明と自分の考えを話した。彼は敵軍の総兵力を二十万ほどと考えており、「目下最も考慮」しなければならないのは兵站線が敵によって遮断されていることであり、糧食と弾薬の補給が出来ていないことだと述べた。そこで、年が明けるとともに師団長自らが兵を指揮し、

「遠く山系内を迂回の上、八塘周辺、敵主力の背面に突き出し、これを撃破することにきめ、その準備は、ほぼ出来上っております」

と語った。佐藤は今村の出撃案をおしとどめ、「安藤軍司令官の意図をお伝えします」と言って次のように述べた。すなわち、第五師団に南寧を確保させたまま、新たに第十八師団と桜田旅団を輸送船で送り込む、それを大迂回させて南寧東北方に進め、敵の退路を遮断し、大打撃を与える。そのために、佐藤は前線を下げるように地図上に赤線を引いた。この作戦計画に従うならば、今村の出撃は見合わせ、南寧を固守する必要がある。

これを聞いた今村は、佐藤に「それで軍の攻勢は、いつ行われる予定です」と聞きかえすと、佐藤は「輸送船の関係上、一カ月後に予定しております」と答えた。今村は、途方に暮れてしまった。現在の状態で前線が一カ月も保つとは思えなかったのである。

「軍司令官の意図はわかりました。しかし私としては、それを承知しながらも、なお飢餓の自滅を待つことはいたし兼ねます。従って右が、単なる軍司令官の希望でありますなら、私の考えを断行いたします。しかし万一、軍司令官が、私の師団に対し、軍集中掩護の新任務を、命令されましたときは、これに従わないなどとは申しません」

さらに今村は、命令される場合でもいかなる手段をもって軍の集中を援護するかは師団長に任せてもらいたい、と述べて続ける。

「もし軍が、敵に徹底的大打撃を与えようとするならば、師団は敵が、他にその兵力を移動し得ないような、積極的の気迫と態勢とで抗戦し、敵の全部又は大部を、今の位置にひきつけておかなければ、ならんとも考えられます。今佐藤参謀副長の、図上に記された線に撤収することは、たとえ命令されても、不服従ではなく、実行不可能のことと、ご承知願いたい」

つまり今村は、第二十一軍による殲滅作戦を成功させるためにも、自分たち（第五師団）は敵と積極的に戦い、彼らを拘束する必要がある、というのである。

今村の将器

佐藤はひとまず今村の意見を聞くにとどめ、その時はそれで退出することにした。井本は、一連の今村の対応をみてすっかり感心した。当日の日記には、次のように記されている。

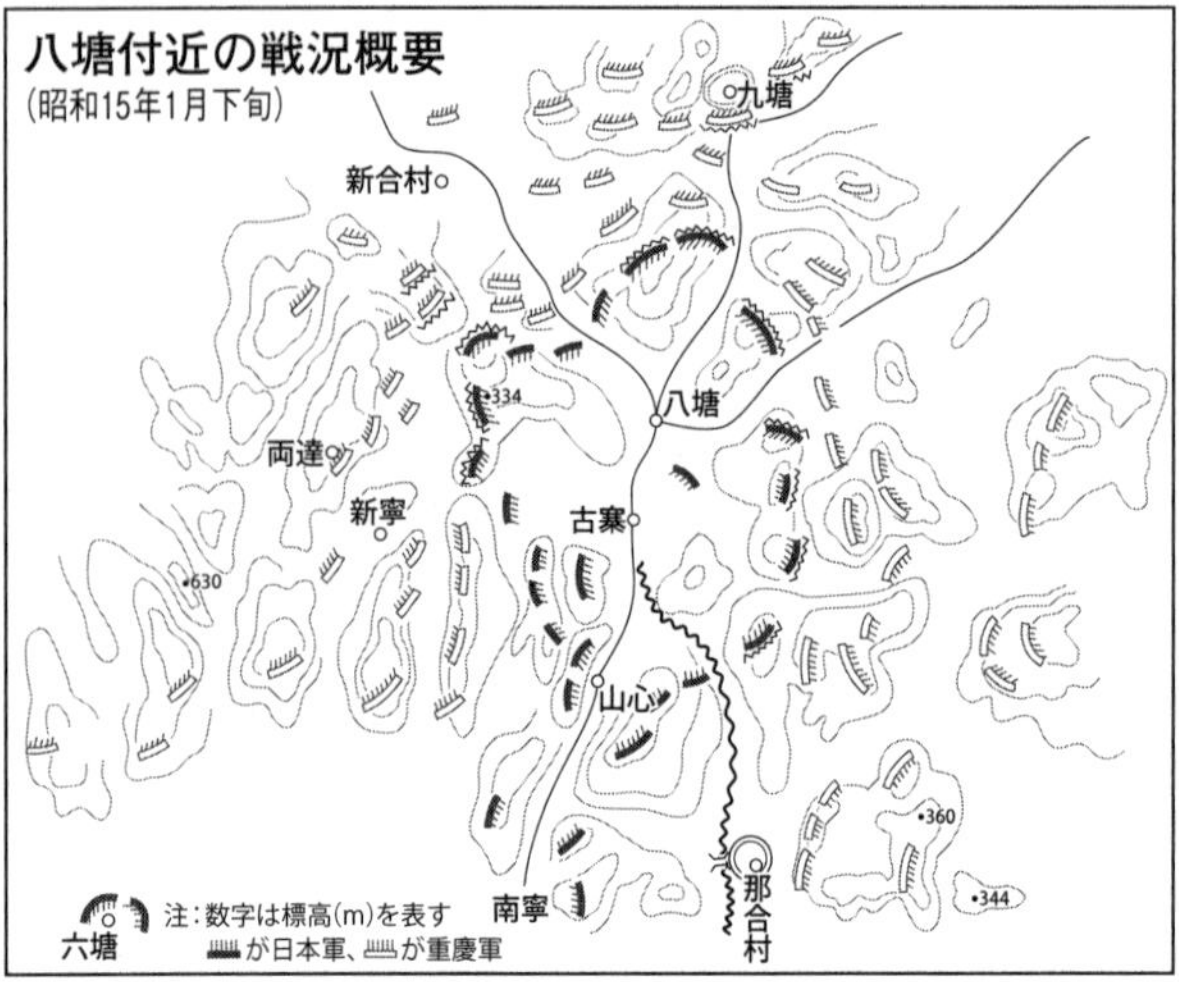

出所：『戦史叢書』等を参考に筆者作成

> ○九〇〇発、今村兵団長の司令部を訪問す　状況は極めて緊張しありと雖も兵団長は何等の動揺なく極めて自然に極めて冷静に　而も熱心に正鵠なる判断をして悲観的なる物の見方なし名将軍の統帥振り（態度）を目の方り見て敬仰に不堪　之ならば大丈夫と考えたり。[38]

佐藤もまた「この師団は一月や半月でつぶれるようなことは決してない」[39]と回想しているように、今村の統帥ぶりは心配してやってきた各参謀の不安を払拭するものだった。三十一日になると、三木連隊は戦線を縮小せざるを得なくなった。崑崙関を放棄し、一キロほど下がった場所に撤収したのである。

間もなく年が明け、昭和十五（一九四〇）年一月一日になると、帰還した及川支隊は今村の命令によって八塘付近を確保するために出発した。今村は支隊長に対して一月下旬からの軍の攻勢のためには一カ月ほど持久が必要になること、状況が許せば前線にある三木部隊らを南寧に帰還させること、などを命じた[40]。

前線は敢闘した。一月三日になると陸海航空協定がなり、陸軍と海軍による航空機の援助が受けられるようになった。戦線は落ち着き、三木部隊は南寧へと帰還することが出来た。今村はこの戦場で、軍人としての器を人々に印象づけた。特に、かつて今村の講話を聞いてさほど感銘を受けなかった井本の今村観は一変した。

> しかるに今度南寧においては全く違った今村将軍に接した。突如として、あらゆる将徳が一挙に具足されて光彩を放っているような感じであった。人間の成長には、不断の努力修養が必要である。今村将軍の人間的将帥的完成も、持って生まれたままの姿ではなかったに違いない。戦場の苦難の中においても、絶えず自分の心の動きとの暗闘修練を各種の手段による努力によって続けられていたことが、その回想録によっ

てうかがわれる。人間の成長は、偶然にできるものではないことが、いまさらのように痛感せられるのである。(41)

今村よりずっと後輩の井本からみても、今村の将器は大きくなっていたのである。しかも幼少期から大人になってからの変化ではない。関東軍参謀副長の時、今村はすでに五十歳だった。大人どころか、本来ならば十分成熟した年齢である。

そこからわずか数年で、「あらゆる将徳が一挙に具足」された人間へと変貌を遂げたのである。これには、今村の成長はもちろん、「参謀副長」という出先軍とはいえ「官僚的」な仕事よりも「師団長」という立場の方が今村に向いていた、ということもあるかと思う。

ともあれ、今村はここで軍人としての力量、それも現場指揮官としての力量をみせつけた。井本はのちに、大東亜戦争でも今村と苦労を共にすることになる。

今村のインテリジェンス

ところで、南寧の戦いが始まる前、重慶側の大軍が押し寄せてくるという情報を軽視してしまった今村だが、戦いの終盤では相手の情報を入手して逆用したことがあった。一月の中旬、支那派遣軍の総司令部が敵側の暗号電報を解読し、今村宛に送ってきたことがあった。その中には、次のような要旨のものがあった。

「絶対優勢の兵力を以てして、なお日本軍を撃破し得ず、南寧を奪回し得ざることについての蔣総統の叱責は、恐懼の至りなり。しかれども日本軍は毒瓦斯を使用するに対し、我軍は防毒面を有せざるを以て損害多く、これ攻撃の成功せざる所以なり」(42)

この敵軍の情報を得た今村は、これを逆用しようと考えた。というのも、第五師団は毒ガスなど使っていなかったのである。敵は日本軍の使う様々な色の煙の信号筒を毒ガスと勘違いしたか、攻撃失敗の言い訳として持ち出したか、または外国の干渉を狙ってこんなことを言ったのかの真相は不明ながらも、信号筒の利用が有利だと考えられたのである。(43)

今村は広東の軍司令部に連絡し、大型飛行機でなるべく多くの信号筒を補充してくれるよう要請した。そしてこれを各部隊に補充し、敵が攻撃を開始する時はなるべく多く使用するようにしたのである。すると敵は、確かに煙が上がっているうちは攻撃を控えているように見えたという。(44)こうして敵の鋭鋒を鈍らせることも、大軍の攻撃を支える要因の一つとなった。あたかも軍記物に出てくる謀《はかりごと》のような戦法ではあるが、これも戦場で行われる「インテリジェンス」の一種ではあるだろう。

第四章

大東亜戦争はじまる

1941年11月10日、南方地域へ出陣する軍司令官たち
前列左から4番目が第16軍司令官・今村均。8番目は杉山元参謀総長、10番目が東条英機陸相、13番目は山下奉文第25軍司令官。
提供：毎日新聞社

賓陽作戦

危機を脱した第五師団は、第二十一軍の計画通り今度は攻勢作戦に転じる。

一月十六日、待ちに待った補給が届いた。軽戦車三十両に護衛された自動車約百両に満載された弾薬、糧食を南寧に迎えた今村は、十二月下旬以降の溜飲が一気に下がり、「もう大丈夫、いくさは勝だ」との思いに満たされた。これらの物資は翌日敵中を突破し、八塘に届けることが出来た。補給もなく戦っていた及川支隊への労いもこめてだろう、今村は及川に対して「第一回の分配には、二日量を一日として渡すこと」を命じた。

第二十一軍からは約束通り援軍が続々と到着した。一月二十日、二十五日に第十八師団と近衛旅団が南寧及びその南西地区に集結し、安藤軍司令官もやってきた。攻勢に転ずるにあたっては、賓陽という場所で会戦を行い、敵を殲滅する予定だった。今村は四塘~五塘にある三つの旅団を指揮し、邃寧公路北方高地帯にある敵第九十九軍への攻撃を開始した。

二月一日になると、第二十一軍に所属する航空部隊が賓陽への爆撃を行なった。これが偶然にも敵の連絡網を断ち切る戦果をあげ、重慶軍を混乱に陥らせた。三日ごろになると

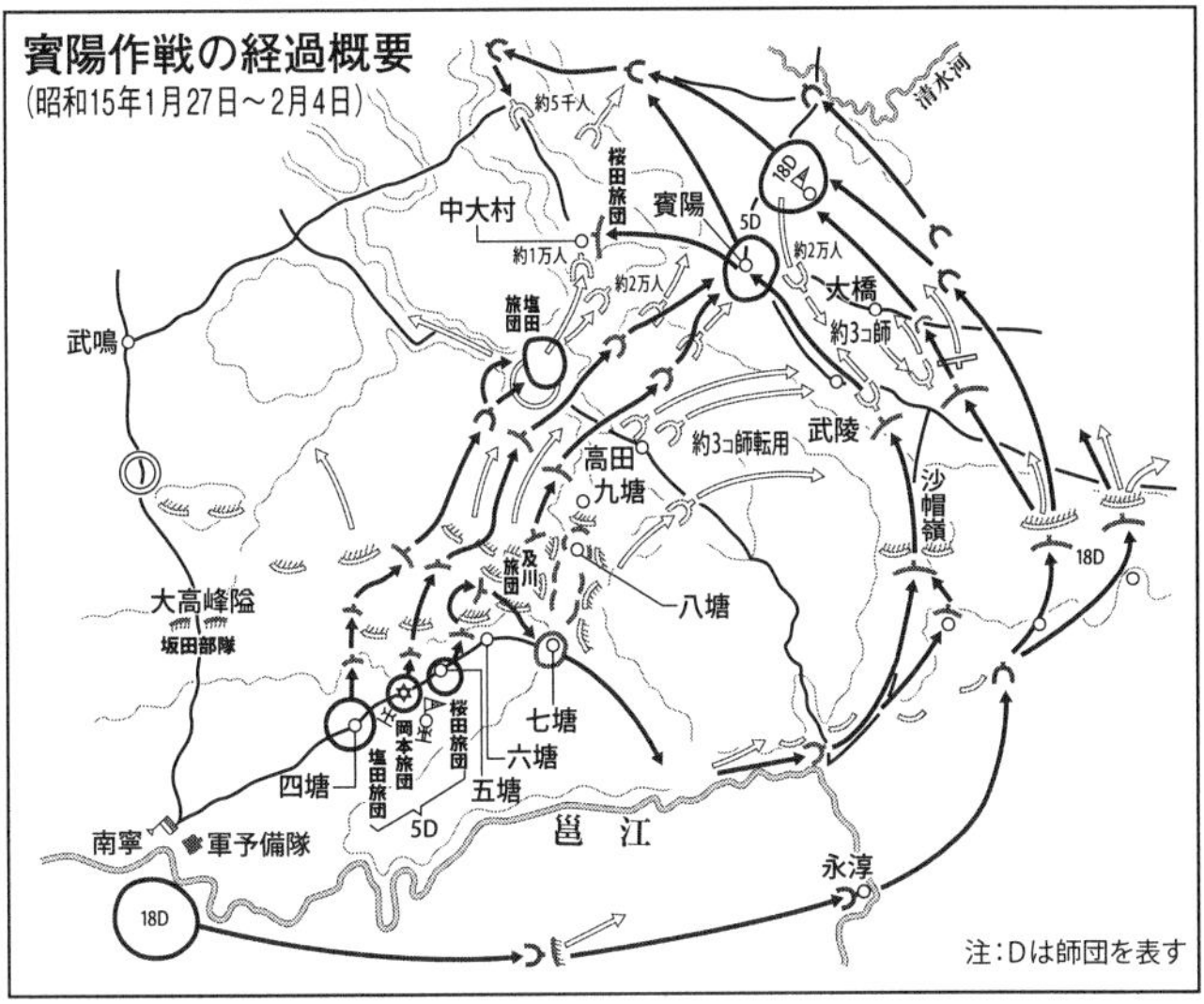

出所：『戦史叢書』等を参考に筆者作成

今村が指揮する部隊の前面の敵も崩れはじめ、以後は殲滅戦に移りはじめた。

作戦は、大きな成功を収めた。日本軍の戦死が約三百、戦傷が約一三百であったのに対し、重慶側は遺棄死体だけで二万七千を数えたのである。(1) 一時敵の重囲に陥り、師団全滅の危機かと思われた今村は、その攻撃を耐え抜いたばかりか援軍と共に攻勢に移り、大戦果をあげたのである。これまで中央部で参謀勤務をやっていた今村は、野戦指揮官としての実力もみせつけた。

最初、地形から自分たちのいる地方には大軍の展開する余地はないと決めつけ、重慶側の大軍が南寧に向かっているという情報を軽視するというミスはあったものの、敵と戦火を交えはじめてからは粘り強く戦闘を指導し、これに耐え抜いたのである。さらに攻勢に転じてからは数で勝る敵軍を包囲殲滅し、多大な損害を与えた。危機的な戦況でも泰然自若としていたのは、先の井本熊男の回想にある通りである。

教育総監部本部長

南寧の戦いもひと段落した昭和十五（一九四〇）年三月になると、今村は内地に呼び戻され、教育総監部の本部長に就任した。十月事件当時、荒木貞夫がついていた職である。本部長の上にある教育総監はいわゆる「陸軍三長官」の一角でもあり、総監部はその名の通り陸軍の教育に関する典範令の編纂などを担当していた。

加えて、編纂物に基づく軍隊教育も担当していたが、実際の教育は師団長などがあたることが多く、総監の権限は制限されたものだった。本部長という立場は陸軍省でいえば次官、参謀本部でいえば次長にあたるものだが、今村いわくその二職よりはかなり権限は小さく、一年の大部分を野外演習に関することに費やし、幸福な日々だったという。

そんなある日、部下の課長（後藤光蔵大佐）から「戦場における教訓書」の必要性の話をされた。後藤大佐の話によれば、当時軍事課長だった岩畔豪雄大佐（のち少将）が中国の各戦線を視察し、「実情に照して戦地の異常環境に即応する具体的教訓を示す」必要を痛感し、これを当時の陸軍大臣東條英機に報告した。東條はその必要性を認めてすぐに軍事課で起案するように命じたものの、軍事課ではなかなか捗らなかった。そこで、こうしたことは教育総監部でやるべきだということになり、その仕事を頼まれたのである。

岩畔本人の回想によれば、この「教訓」について進言したのはまだ陸相が板垣、阿南惟幾が次官の時であり、出来上がったのが東條が陸相になってからだったという。岩畔いわく、当時中国で戦っている陸軍の軍紀はかなり乱れており、「相当悪かった[2]」という。

こうして、「教訓」の作成は総監部に任されることになった。今村はひとまず総監部の嘱託である中柴末純少将を顧問とし、一案を作って各方面の意見を集めた。「教訓」の公布については当時京都の師団長だった石原莞爾や関東軍からは不要論が出ていたが、支那派遣軍からは一刻も早い公布を望まれていたという。

主に起案を担当したのは、今村の部下である浦邉彰少佐である。ただ、一少佐の浦部は各方面から寄せられる意見書に直面し、その重圧に悩んでいた。ある時、今村のもとを訪れ、その悩みを吐露した。

「こんなにもさまざまの意見があり、私の力ではまとめあげる自信がありません。この際他の適任のかたをお選びの上、改めて起案を命じていただきます」

今村は、こう述べる浦部を励ました。

「創案はむずかしいが批評は容易なもの、とうに出されてあるべき教訓が出ないでいたので、君の第一案に示唆されてこんなにたくさんの意見が集まったものと思う。自信を以て作ったものであればあるほどよけいに他の批評が心を刺激することは、私も君の年輩時分に参謀本部や陸軍省で幾度も経験している。（中略）今迄私は、着任直後で他の仕事に追われ、十分君に協力することが出来なかった。が、これからは中柴少将といっしょになって気を入れよう。一年四ヶ月だけではあったが野戦経験もあり、その時の所感を加味して直接文も書いてみる。ともかく、他の者とかえることなどはしない」

こうして今村は浦部を手伝いながら、「教訓」の起案を行なった。そして出来上がったのが東條英機の名前で出された有名な「戦陣訓」である。戦陣訓はレコード会社によって歌にもされている。

「戦陣訓」の後悔

戦陣訓は、浦部や中柴が起案したものに今村が筆を入れて出来上がったのだが、軍外の人間の力も借りていた。これは今村のアイデアで、哲学者の紀平正実、詩人の土井晩翠や島崎藤村など、当時一流の文化人に校閲を乞うていた。このあたり、文学少年だった今村らしさをうかがわせるものがある。

今村は、作成当時はこれを良いものと思っていた。ところが、この後自分が軍司令官になって実際に部下にこれを伝え、遵守するように命じる立場になると、後悔を覚えたという。

というのは、戦陣で守るべき道徳の主眼点がはっきりと映っておらず、ただ徳目だけをずらっと並べて平等に説かれ、又あまりに文を練りすぎたためにかえって迫力を感ぜしめず、とくに長文になりすぎていることはいけなかったと反省された。

戦陣訓は全部で三千字ほどもあり、確かに焦点がぼやけてしまうきらいは否めない。そして現在、最も問題の箇所として知られるのは、「本訓　其の二」の「第八　名を惜しむ」であろう。

　恥を知る者は強し。常に郷党家門の面目を思い、愈〻奮励して其の期待に答うべし。
　生きて虜囚の辱を受けず、死して罪禍の汚名を残すこと勿れ。(3)

現在では、逆にこの部分だけが有名になりすぎて、あたかも数年後の大東亜戦争において「自決を強要する根拠」のような扱いをされてしまっているが、作成時の理由はそのようなものではなかった。

新しい教訓を出すことに否定的だった石原莞爾も昭和十六年に出版された著書『戦争史大観』の中で「戦陣訓」に次のような形で触れている。

　蔣介石抵抗の根底は、一部日本人の非道義に依り支那大衆の敵愾心を煽った点にあ

る。「派遣軍将兵に告ぐ」「戦陣訓」の重大意義も此処にありと信ずる。(4)

あくまで、「軍紀・風紀」関係の教訓として捉えている。少なくとも示達の意図としてはこのような意味合いの強いものだったといえる。

今村は教育総監部本部長として一年三カ月を東京で過ごした。そして昭和十六年七月、今村は再び指揮官として戦場に赴くことになった。広東にある第二十三軍司令官として、数個の師団を率いることになる。

ただし、今村の広東での日々は長くなかった。半年後の昭和十六年十二月、大東亜戦争の勃発と共に、今度は文字通り国運の一翼を担う身として征途につくことになる。

第十六軍司令官

昭和十六年十一月六日、広東にいる今村のもとに、陸軍大臣の名で電報が届いた。

「貴官は、今般、第十六軍司令官に親補せらる。明七日、中央より特派の飛行機により上京、後任の酒井隆中将に業務の引継ぎを行なうべし」

今村は慌ただしく仕事の整理を行い、翌日機上の人となった。その夜は台湾の台南に一泊し、翌八日に立川の陸軍飛行場に到着した。そこに出迎えていたのは、第十六軍の参謀長に予定されている岡崎清三郎少将である。岡崎は今村とかつて参謀本部、教育総監部でともに勤務経験があった。岡崎は、そこで今村に次のように述べた。

「日米間外交交渉がまとまらない時は第十六軍は蘭印方面に、その主力はジャワに向かわせられる予定で、私はその軍参謀長にあてられ、二、三日前から、陸軍大学校の校舎内で軍司令部を編成中であります」

すでに、この時日米間の交渉は限界に近かった。陸軍では参謀本部作戦部長の田中新一、作戦課長の服部卓四郎以下が対米開戦を求めており、慎重派の軍務局長武藤章らと対立していた。

この年八月以降、アメリカは日本への石油の輸出を全面的に停止していた。日本の石油はその大部分をアメリカからの輸入に頼っており、入ってこなくなると国内の備蓄で賄うほかはない。

しかし、その国内の備蓄もそれほど多くはなく、やがては外国にその産地を求めなければならない。東南アジア方面（南方）作戦の主目的はこの石油資源の獲得にあった。当時、全陸軍五十一個師団の中で南方に振り向けられるのは十一個師団。これらを用い、開戦初期に英領マレーと米領フィリピンを攻略して足場を築き、そこから蘭印を攻略して資源を確保し、スンダ列島線に防衛線を築く、という構想だった。(5) 今村が率いる予定の第十六軍は、この第二段階の作戦を担当する予定だった。

この話を岡崎から聞いた今村は、十一月十日、改めて参謀総長の杉山元から説明を受けた。

「目下、日米両国間に行なわれている外交交渉がまとまらずに決裂することになると、貴官は第十六軍を率い、蘭印諸島の攻略を任ぜられることに予定されている。軍司令部の編成には、二週間ほどの日時を必要としよう。その後、当部と南方総軍司令部（総司令官寺内寿一大将）といっしょに、作戦指導上の協議をやることにするつもりでいる」

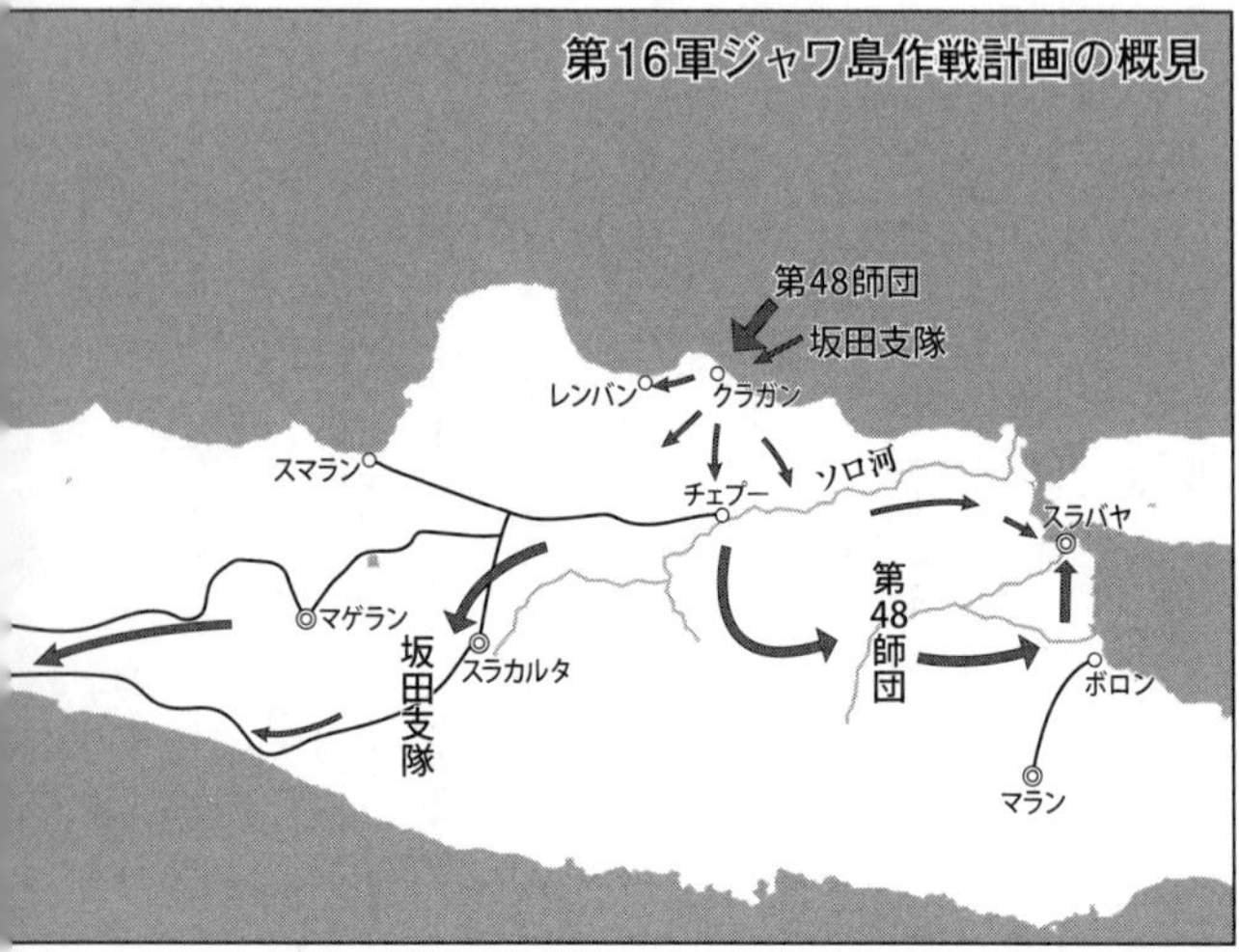

杉山からこの重要な任務の内容を聞かされた今村は、国家の運命の一端を担うこの大きな責務に対し、「光栄を感ずるよりはむしろ責任の重大に圧せられる厳粛の気分に打たれた」と回想している。

大東亜戦争始まる

この日（十一月十日）は今村だけでなく、第二十五軍司令官に予定されている山下奉文、第十四軍司令官予定の本間雅晴も同席していた。山下はマレー、シンガポール、本間はフィリピンの攻略を担当する予定である。のちにイギリスの東洋支配の象徴となっているシンガポールを陥落させる山下は、当日の日記に「快亦極まりなし」と書き、

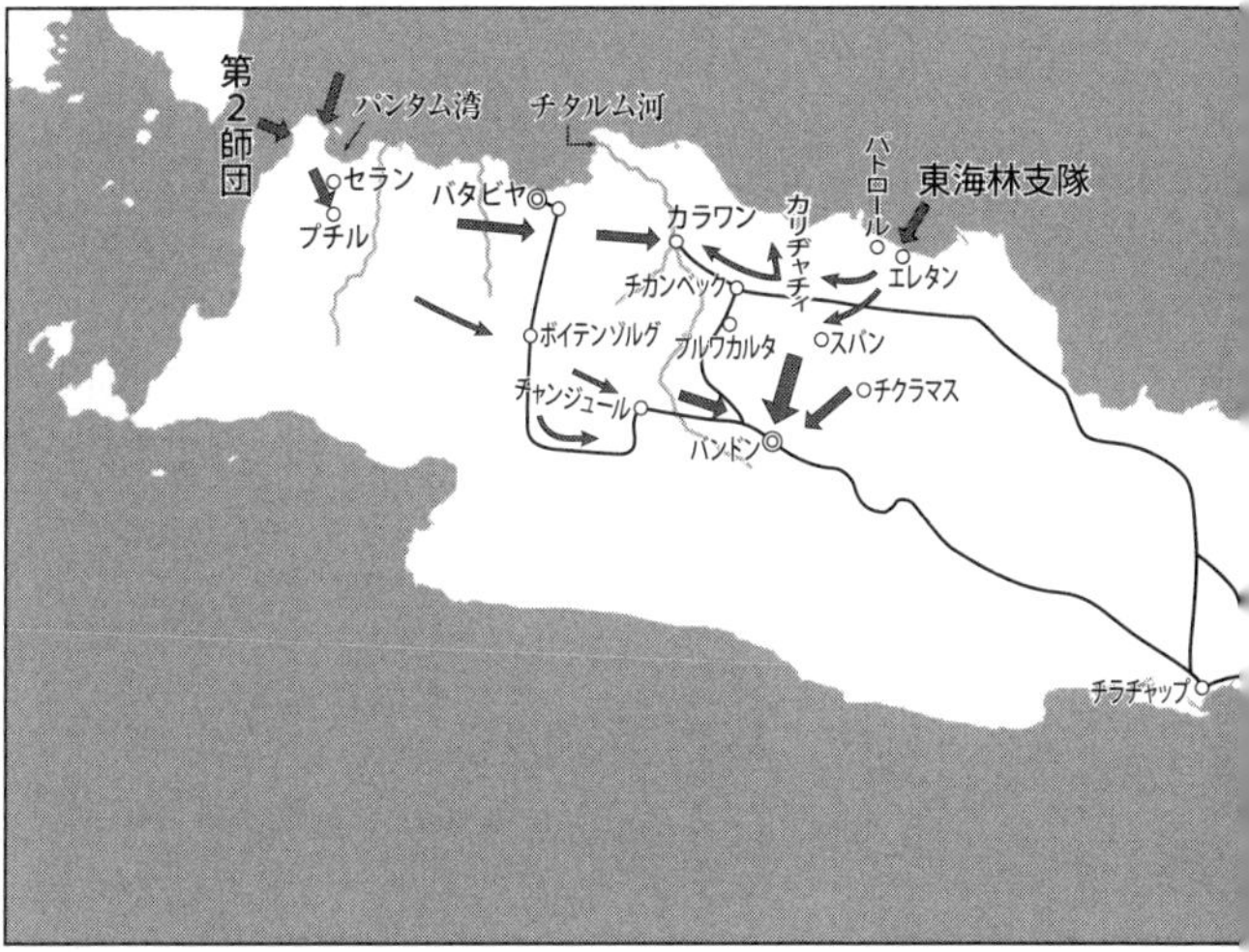

出所:『戦史叢書』等を参考に筆者作成

本間は「ノモンハンの二の舞を演ずることになっては」と危惧の念を記している。(6) 三者三様、それぞれの個性が出ている受け止め方だといえよう。

第十六軍の指揮下に入るのは、三つの師団と独立混成旅団が一つの予定だった。ただし、最初から今村が掌握出来るのは仙台の第二師団と独立混成旅団だけで、第三十八師団（東海林俊成大佐率いる第二百三十連隊は主力に同行）と第四十八師団はそれぞれ香港、フィリピン攻略後に今村の指揮下に入ることになっていた。

上京してからの今村の日々は忙しかった。十一月十三日、東京を出発して山口県岩国市にある海軍の第三艦隊を訪れ、蘭印攻略作戦の協定を行なった（岩国協定）。十六日岩国を発ち、門司港で台湾からやってきた独立混成旅団を迎え、訓示を与えた。翌日帰京し、十九日には陸軍大学校内で訓示、二十四日には仙台で第二師団長の丸山政男中将と会い、師団将兵の演習を視察した。(7)

この超多忙な日々の後、日本政府はアメリカより国務長官ハルの名で出された非公式の覚書、いわゆる「ハル・ノート」を受け取った。この覚書は今までの交渉を無にするような強硬な内容で、三国同盟の実質的な無効化、蔣介石以外の中国における政権の否認、中国からの撤兵などを求めるもので、対米交渉妥結に尽力していた外務大臣の東郷茂徳ですら「眼も暗むばかり失望に撃たれた(8)」と嘆じるものだった。

十二月二日には「十二月八日武力発動」の大命が下り、その前日には混成第五十六旅団（坂口静夫少将）が南洋にある日本統治領のパラオに進出していた。第十六軍司令部も陸軍大学校内で蘭印作戦の準備を着々と進めていた。

蘭印作戦の特徴は、①ハワイ奇襲の成果に左右されること（マレー、フィリピンはその成否に関わらず実施されることになっていた）、②フィリピン、マレーなどを土台とするため、これらの作戦の成否にも左右されること、③距離が遠く、範囲も広いため部隊間の緊密な連絡が必要となること、④同様に陸上部隊、航空部隊、海上部隊の緊密な連絡が必要になることであった[9]。

要するに、第十六軍の行動は他の地域、軍の作戦の進展に強く影響を受けることになる。開戦劈頭の作戦よりは時間的余裕はあったが、その分別の難しさもあったといえよう。

そして昭和十六年十二月八日、いよいよ「その時」はやってきた。ハワイ方面で海軍の空母機動部隊が、アジア方面で山下の第二十五軍が攻撃を開始し、いよいよ大東亜戦争の火蓋は切って落とされたのである。

軍政の準備

幸いなことに、海軍のハワイ奇襲、陸軍のマレー上陸作戦ともに成功した。第十六軍も引き続き計画に没頭し、きたるべき蘭印攻略に備えていた。

第十六軍には宣伝班が設置された。この班は軍の参謀部第一課の指導を受ける機関として編成された。班の任務は、敵に対する宣伝や戦意の破砕を主任務とし、蘭印の資源破壊の防止、日本軍の士気の鼓舞、内地への報道や攻略後に占領地で民心の安定をはかることだった[10]。

宣伝班は班長の町田敬二中佐のもと、将校や下士官、兵の他に多くの民間人が所属した。

その中にはジャーナリストの大宅壮一、小説家の武田麟太郎、詩人の大木惇夫、漫画家の横山隆一などの著名な文化人はもちろんのこと、画家、音楽家、映画監督、印刷業者、速記者、アドバルーン業者など、多種多様な業種の人間が参加した。彼らはポスターや伝単（宣伝ビラ）の文案を作ったり、それぞれの特技を生かして宣伝戦に協力した[11]。

もうひとつ重要なのは「軍政部」の存在である。宣伝、軍政の二つは深く関係するものであり、これから起こる大東亜戦争に欠かせないものであった。軍政部の部長は参謀副長の原田義和少将、総務部長は中山寧人大佐で、実質的なトップは中山大佐だった。

軍政部の下には総務、財務、産業、交通、宗務の五つの部があり、その中でも総務部には庶務、企画の二つの課が置かれていた。総務部は「ミニ軍政部」のような役割を果たし、中でも企画課は軍政機能全体の調整と基本事項の処理にあたっていたため、特に軍政部の中で中心的役割を果たすことになった[12]。

もちろん、宣伝も軍政も今村がいきなり発案したわけではなく、以前から軍中央で準備されてきたものだった[13]。したがって、今村の腕のみせ所は、実際に宣伝や軍政を行う際、どのように運用するか、という点にあるといっていいだろう。実際に、今村のもとで第一課高級参謀をつとめた高嶋辰彦は、宣伝班について次のように述べている。

この編成は、中央部の企画ではあるが、当時の陸軍上級首脳中で、武徳とともに文化人としても偉大であった今村将軍の事前掌握と、適時の統率によってはじめて十全の効果が発揮されたのである。(14)

出発

真珠湾以降、大東亜戦争は順調に進んでいた。十二月三十日になると、いよいよ今村も出立することになる。まず、南方軍司令部の寺内の希望により、インドシナ（ベトナム）のサイゴンへと赴くことになった。今村は羽田の飛行場からまず伊勢神宮へと向かい、外宮、内宮を参拝した。ここで一泊し、大晦日に山田飛行場を発つと、九州の大刀洗飛行場で給油し、南方へと飛び立った。

しかし、今村はこの時思わぬ危機に見舞われる。もともと搭乗した飛行機は調子が良くなく、羽田を発つ際に発動機の整備で出発時間が数時間遅れたという事情があった。それが、大刀洗を飛び立ってからいよいよ具合が悪くなり、専属副官の田中大尉から、もしもの場合は着水を余儀なくされる、と聞かされたのである。

私の心は叫んだ。「着水！　水上機じゃあるまいし、没水だ」もう命の瀬戸際になってるこんな時に、なんとあさましいことか、強い呪いを、日本航空会社の不誠意、不整備の上にかけ、心はいきどおりに燃え上がる。

ふっと俳人一茶の、

「南無阿弥陀　あなた委せの　歳の暮れ」

が心に浮かんだ。「そうだ。きょうは歳の暮れ。おおみそかだ。阿弥陀委せであの世にか」と思ったとたんに、心の炎は消えた。

幸いなことに、この飛行機は着水せずに済んだ。朝鮮の済州島にある海軍飛行場に不時着することが出来たのである。あわや命の瀬戸際、という場面で航空会社の社員へ浮かんだ怒りを「あさましい」と反省したかと思えば、それを小林一茶の句を思い出すことによって打ち消す心境など、実に今村らしい一幕といえる。

今村は海軍士官らに迎えられ、昭和十七（一九四二）年の元旦を済州島で迎えた。それから支那派遣軍総司令官畑俊六（大将）がよこした飛行機に乗り、夜には上海に到着した。

そこからまた飛行機でサイゴンへ飛び、一月三日、ようやく南方軍総司令官元帥寺内寿一のもとへと到着したのである。

寺内は、今村と以前から親交があり、こころよく出迎えた。南方軍総参謀長の塚田攻（中将）は今村と陸士同期生であり、開戦までは参謀次長をつとめていた。かなり潔癖な性格で、公私の宴会にも出なかった。それゆえ、同期生の今村を迎えた寺内の夕食会にも姿をみせなかった。

今村はサイゴンに一カ月半ほど滞在することになったが、この間にイギリス領の香港を攻略した第三十八師団長の佐野忠義（中将）と打ち合わせを行い、一月二十一日にはフィリピンのマニラで第四十八師団長の土橋勇逸とも協議している。さらには台湾の高雄でも第二師団長の丸山や所属部隊の将校と二週間もの間協議を行なっている。

協議を行うのは、陸軍だけではなかった。広い海洋を渡って敵地に上陸する以上、海軍との連携は綿密に行う必要がある。実は、第十六軍を蘭印に送るに際し、その輸送部隊を護衛するはずの海軍側（原顕三郎少将、第五水雷戦隊）から、「これだけでは戦力が不十分」という不安を打ち明けられていたのである。六十隻を超える船舶に対し、護衛兵力は巡洋艦一隻、駆逐艦十六隻の予定だった。

今村と海軍

原は、自分から連合艦隊に兵力の増加を頼み込んだものの、受け入れられなかった。そこで、今村から寺内に改めて頼み、寺内から連合艦隊の山本五十六司令長官に連絡してもらえないか、ということだった。今村は自分の部隊を輸送することでもあるのでこれを引き受けて岡崎参謀長を南方軍に向かわせ、塚田総参謀長に問い合わせてみた。

ところが、南方軍からは護衛の兵力についてはすでに陸海軍間の協定で決まっており、連合艦隊が請け合ったものを陸軍側から口を入れることは出来ない、というそっけない返事が返ってきた。これを聞いた今村は「敵海軍により海底に沈められる者は、寺内さんの部下である私の軍の将兵であり、陛下の赤子、父老の愛児なのである」という思いから、自ら寺内のもとに赴いて交渉しようと思い立った。

しかし寺内のもとへ赴く途中、もし増強出来たとして出航日時などに影響を及ぼさないかどうかを確かめるため、南遣艦隊司令長官の小沢治三郎（中将）の意見を求めることにした。今村と小沢はほぼ初対面の間柄であったが、インド洋方面の敵海軍部隊の情勢などを語りあったのち、船舶護衛兵力について質問すると、小沢は次のように答えた。

「原少将は深刻に戦力の不足を感じ、自分のところにも衷情を訴えて来ています。私も彼の請願が容認されることを蔭ながら願っていましたが不認可となり、又ただ今のお話では総参謀長にもその気持ちがない。今からさらに総軍と交渉しそれから連合艦隊に電報するようでは、船団発進の時機までに時間の余裕はありますまい。ついては、当方面海上一般の情勢上、可能と考えますので、部下艦隊中から、原少将の麾下の戦力とほぼ同等の艦艇を引きぬき、増援しましょう」(15)

つまり、小沢は独断で自分のもとにある艦艇を第十六軍のために割く約束をしてくれたのである。こうして、ようやく蘭印へ送り込む船舶の護衛についてはは目鼻がついた。今村は後年まで、

第十六軍主力方面の上陸作戦の成功は、全く小沢海軍長官の賜物だったので、私は今に、その時の感激を忘れないでいる。

と感謝の念を忘れなかった。

攻略開始

今村がサイゴンにいたある日、東京から作戦部長の田中新一がやってきた。田中は、「ジャワの全攻略は二週間以内に片付けられないものか」と尋ねてきたのである。

「これから二週間後に出港し、途中敵の魚雷や爆弾を排して、輸送船の幾割が目的地に到達し得るか未だ予想がついてない。何か、二週間以内に片付け得る根拠でもあるのか」と反問すると「戦は早く片付けることが肝要です……」。そこで、「私は一ヶ月以内に敵を降伏させたいものと祈っている。然しその通り実施してみせますなどと言明することは、良心が許さない」と言うと「どうか春季皇霊祭の三月二日までにやり上げて下さいと言うから「一日も早く終結するように努力する」と答えた。(16)(17)

今村は、田中の儀礼的な作戦終了予定日に対し、正直に作戦の前途についての考えを語った。戦争とは相手があるものであり、春季皇霊祭（春分の日）に合わせてなどというスケジュールで請け合うわけにはいかなかったのである。

第十六軍の最終的な目標とするのは蘭印のジャワ島であるが、蘭印の他の地域についての攻略はすでに行われていた。一月十一日からタラカン、バリックパパン、アンボン、パンジェルマシン、パレンバン、バリ島、ティモール島の攻略が行われていた。マレー半島で作戦を行なっていた陸軍の第三飛行集団もスマトラ地区の飛行場を攻撃し、百機以上を撃破する戦果をあげていた。海軍も同方面で連合国の艦隊を撃破し、第十六軍によるジャワ島攻略の準備は整っていった(18)。

そしていよいよ二月十八日、蘭印の主目標となるジャワ島を攻略すべく、今村らの乗った船はベトナムのカムラン湾を出港した。航海中、今村は書物を読みながら日を過ごした。参謀の一人である岡村誠之（中佐）は航海中参謀としての仕事がなかったため、たびたび今村の船室を訪れた。今村は青年将校時代からの経験談や、石原莞爾や辻政信といった人々の長所をよく語っていたという。また、船倉にもよく降りてゆき、軍馬の世話をする兵隊たちとも楽しそうに喋っていた。食事も常に兵食のみで、それは上陸後も変わらなかったという(19)。

さて第十六軍司令部の船団は途中二度、上陸日の延期があり、上陸日は三月一日となった。上陸する場所はジャワ島のバンタム湾で、今村は二度目の上陸作戦で船から降りることになっていた。ところが、この時も今村は思わぬ危機に遭遇する。上陸を行なっている最中、敵巡洋艦二隻が姿を現したのである。日本側船団はこれを見つけると重巡と駆逐艦が攻撃を開始し、ここに「バタビヤ沖海戦」が発生した。

日本側はこの戦いで敵巡洋艦二隻を撃沈し、掃海艇と輸送船一隻ずつが沈没する被害を受けた。この間、彼我の魚雷が飛び交って戦闘が行われたわけだが、実は沈没した輸送船龍城丸には、今村が乗っていたのである。[20]

今村には怪我はなかったものの、重油の海に投げ出され、数時間の間遭難することになってしまった。今村は材木につかまり、なんとか漂流を続けていた。周りには五、六百名ほどの将兵が同じように浮かんでいた。

ようやく、岸から発動艇が助けにやってきて、浮いている将兵を救いあげていく。みんなが重油で顔が真っ黒になっていたため、誰が誰だか判別がつきにくい。今村はようやく最後に助け上げられたが、そこで発動艇の艇長がようやく今村に気がついた。

「軍司令官閣下ではありませんか」

「そうだよ。おかげで救いあげられた、有難かった」

「早く閣下であることを申されれば、ずっとさきにお引きあげしましたのに。……ついおくれてしまいました」

詫びでもするようにいう。

「上陸すればすぐ敵に突っ込み戦うんだ。若い人たちを先にするのがいいのだよ。ともかく有難う」


この話には後日談がある。一カ月ほどして、独立工兵中隊の中隊長がやってきて、自分の部下二人の艇長が今村を引き上げたのは自分の艇だ、といって譲らない。確定したいので、何か気づいたことはないか、と聞いてきたのである。今村は答えた。

「さあ。月の光で顔は見あわせたが、混雑の最中、よく見覚えてはいない。その下士官は〝軍司令官だったならもっと早く引きあげるのだったのに〟などいっていた。なんと話しかけたか聞いてみたらわかるかも知れない。だが、あの重油の海、皆が黒褐色の顔になってしまい、もひとりの艇長だって、引きあげた誰かの年かっこうから軍司令官だと認識したからこそ、中隊長にそう主張しているので、決していつわりをいってるものじゃあるまい。二つの艇の協同で私を救い上げたことにしておき給え。そうでないと一方の艇の人々を失望させます」

今村らしい配慮であると同時に、指揮官には「運」も必要だと思わされる話だ。

進軍

この事故で軍の無線通信機は全部水没してしまい、指揮は出来ない状態だった。かろうじて航空隊の通信筒の投下により、他の地点での麾下部隊の上陸を知るのだった。今村は参謀長、参謀副長と共に現地の農家に一晩を明かすことになったが、この晩はめずらしく夜中尿意に起こされることなくぐっすり眠れたという。

翌日、今村らはセランという場所まで移動した。この場所は整備された道路が各方面に発達しており、道路脇にはタマリンドという名前の常緑樹が植え込まれ、日中でも日除けになったり電柱の代わりにもなるように作られていた。

ところが、この並木は根本に近い部分から爆破されて路上に倒れており、せっかくの道

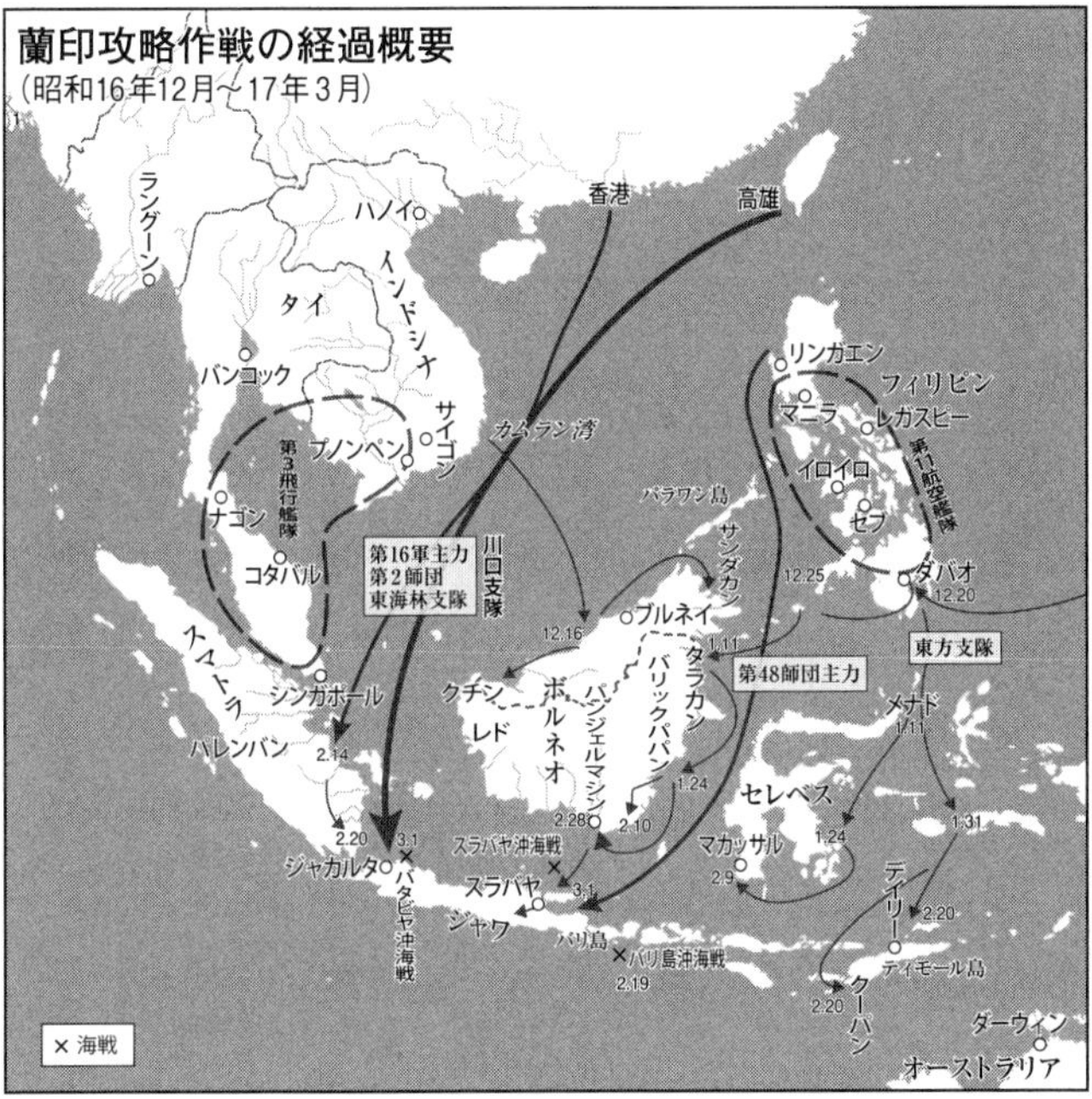

出所：各種資料をもとに筆者作成

路は自動車が通れないようになっていた。木の幹は太く、自動車はもちろん通過出来ず、徒歩でもこれを除けていくのは相当な時間のロスになると思われた。倒れた木々をなんとか避けながら歩いていると、沿道の住民が蛮刀を手にして飛び出してきた。ただ、日本軍に敵対するような態度ではないので見ていると、その刀で倒れた木の枝を切り落としはじめ、しばらくして多少は通りやすいようにしてくれたという。

　軍司令部の人員がなんとか三キロほど通ったところ、不思議なことにそれ以降の道は木の根元に爆薬は差し込まれているものの、なぜか爆破はされておらず、道路はそのままになっていた。不思議に思った今村が通訳官を通じて現地民に聞いてみると、木々に爆薬を差し込むところまではオランダ軍が行なっていたが、これに火をつけて爆破するのは村長に命じて住民たちに任せていたという。ところが、オランダ軍は途中までやらせたところで安心したのか「ずっと同じようにせよ」と命じて行ってしまったという。

しかし、全ての道を木でふさいでしまえば、苦労するのは住民である。住民はこれを途中で放棄することにし、あとでオランダ軍から叱られたら「日本兵が、あぜ路を通り、回って来てしまい、点火の余裕がなかった」と言うつもりだったという。オランダのインドネシア支配は数百年に渡っていたが、こうした事情をみてもとても民心を得ていたとはいえないことがわかる。

今村らとは別の地点にも第十六軍の部隊は上陸しており、それぞれ進軍を始めていた。第二師団はメラク海岸に上陸し、那須支隊を編成。支隊は橋梁の破壊などに苦労しつつも六日午前六時にボイテンゾルグを占領した。

軍司令部に無線通信機が届いたのは、やっと五日になってからである。一方で、東部方面の第四十八師団は今村らより少し早く、二十七日クラガン泊地へと入港し、スラバヤを目指した。第四十八師団は既述の通り先にフィリピン攻略に従事していたが、師団長の土橋はフィリピンとインドネシアとの違いを次のように記している。

米国は比島で、教育に相当力を入れていたのであろう。到る処に立派な小学校がある。従って、作戦間の戦闘司令所は大抵この小学校であった。ところがジャワでは学校など探してもちょっとも目に付かぬ。それほど貧弱であることは、オランダが現地人の教育に故意か否かは別にして、余り力を入れなかった結果であろう(21)。

蘭印降伏

第十六軍の進撃は順調だった。驚くべきことに、作戦開始からまだ一週間ほどしか経っていない三月八日、インドネシアの連合軍陸軍総司令官、ポールテン中将（司令部はバンドンにあった）から停戦の申し入れがあったのである。停戦といっても、状況としては降伏である。

今村は、この申し入れを奇妙に思った。当時、ジャワにはオランダ軍ばかりでなくアメリカ、イギリスも合わせて八万以上の兵力があり、五万五千ほどの日本軍にこうも早く降参するとは思えなかったのである。「ひょっとしたら、敵の軍使参謀は、我軍の兵力を偵察する目的でやって来たのかもしれない」と考えたほどである。のちに判明したところでは、オランダ側では日本軍の兵力を過大に見積もっており、それが早期の戦意喪失に結びついたという。

翌九日、今村は停戦協定のためにカリジャチ飛行場に赴いた。オランダ側は、蘭印総督のチャルダ、ポールテンの他、参謀長、バンドン要塞司令官などが来ていた。長いテーブルを挟み、日本側は中央に今村、右に参謀長の岡崎、左に第三飛行集団の遠藤三郎、大本営参謀や副官、通訳など計十名ほどだった。

会談では、停戦を申し入れたポールテンが「これ以上戦争の惨害を大きくすることを避けたいためです」とその理由を述べた。これを聞いた今村が、総督に対して「総督は、無条件降伏をいたしますか」と聞くと、意外にもチャルダは「降伏致しません」と拒絶する態度に出た。

「降伏しない者が、どうしてここに来たのです」

「これから蘭印の民政を、どうやって行くべきかを日本軍司令官と協議するために来ました」

「我々日本軍隊は、蘭印諸島を政治するために派遣されたものではなく、戦闘によってすべてのオランダ勢力を払拭する任務を受け上陸したものです。昨日の停戦申し入れは総督の決意に基いているものではありませんでしたか」

「私は停戦の意志を持ちません」

「それなら、どうしてこの席に来たのです」

「日本軍司令官が、総督の来ることを要求していると、オランダ軍司令官から、通知されたためです」


常識的にいって、この言い訳は通らないだろう。今村は、停戦の意思がないのであればなぜ司令官の申し入れを阻止しなかったか、総督は軍に対する指揮権があるはずだ、と問い詰めると、チャルダはそれは開戦前までで、開戦後はイギリスのウェーベル大将に指揮権が渡った、と弁明した。今村は、今度は指揮官のポールテンに問う。

「ポールテン将軍！　あなたは〝戦争の惨害をこれ以上大きくすることを避けたいために停戦いたしたい〟と申される。降伏いたしますか」

「バンドン地区だけです」

そこで今村は、「バンドン以外の広い地域には、惨害が広がってもよいお考えですか」と問い詰める。ポールテンが、通信手段がなくて他の地域には降伏を命じられない、と言うと、今村は日本軍の無線通信機であれば全土に通信が出来る、全蘭印軍の降伏を要求する、というとオランダ側は黙ってしまった。今村は、さらに言を継いだ。

「無条件降伏か、戦争の続行かいずれか一つです。飛行場のわきを通られたとき、ご覧になったでしょう。日本軍の爆撃機幾十は爆弾をつみ、すぐに飛びだす態勢をとっております。もし降伏をがえんぜず、バンドンにおかえりになるなら、日本軍の第一線までは、確実に安全を保障しますが、その後私は直ちに飛行隊に攻撃開始を命令します。今から十分間熟考の時間を与えます。その間に協議の上、決心されることを求めます」

こうして、今村と日本軍側は席をはずし、別室に移動した。十分後、部屋に戻って軍司令官に決心を尋ねると、ようやく「われわれは、もはや抗戦は無益と考えます」と「うちしおれた声」で答えた。

勝者と敗者

ただし、総督の方はまだ「降伏」を認めなかった。チャルダは、オランダ女王に対して「許可を願い出る心の準備はあります」としつつ、軍事については自分は無用なので、席を外されてくれ、と言い出したのである。今村は、改めてポールテンに対して「総督の不同意にもかかわらず、やはり停戦しますか」と聞くと、ポールテンはこれに同意した。

そこで、今村は停戦のための条件を出した。まず、明朝八時にバンドン放送局から指揮官自身が「日本軍に対する戦闘をすべて停止し、各地ごとに、そこに向かっている日本軍に対し無条件降伏をなすべし」と放送すること、もうひとつは午後一時までに将校から兵及びその他の人員と、日本軍に引き渡すべき軍馬、自動車、兵器、軍需物資を書き出した表を提出することの二つである。

今村は翌朝八時に放送が出来なければ中断していた攻撃を再開する、と念を押して一同を送り出した。この時、飛行団の将校がオランダ側の操縦者以外の全員に白い布で目隠しをしようとしていた。これは、日本側の設備を見せないための措置で、今村によれば「どこの国の要務令でも規定している」ことだという。

ただし、今村はあえてこれを行わなかった。オランダ側の人員が軍使ではなく首脳部であること、そして逆に飛行場に爆弾を抱えて待機している航空機の威容を見せることで降伏の決心をぐらつかせないようにする意図があったのである。同席した第一課高級参謀の高嶋辰彦もこれを「名策」[22]と賞賛している。

翌日、放送は無事行われ、提出物を携えたポールテンと今村らによる二度目の会談が行われた。ただし、総督のチャルダは来なかった。この時の会談についての詳細は省くが、高嶋はこの時の今村の「仁将」としての特筆事項としていくつかの約束を挙げている。

すなわち、日本軍に戦闘停止を命ずることを明言し、オランダ軍に佩刀及び護身のための拳銃の携帯を許可、蘭印側の死者の収容に協力する、オランダ軍による鉄道や道路の修復を許可し、日本軍も協力する、などである。[23]ただし、今村はポールテンについてあまり感心はしていなかったようだ。戦後のオランダ軍による裁判で、被告となった今村についてポールテンが電報で証言を残しているが、これはいずれも間違い、もしくは誇大な表現によるもので、オランダ軍の裁判にもかかわらず、裁判長に却下されている。

軍隊の指揮に関しても、蘭印ではオランダ軍が一番数が多く、本来は英米を指揮下に収めるはずのポールテンがこれらを統率出来ていない点を指摘している。一方で、総督に関しては「これが剛毅のチャルダ氏により統帥されていたら、我我日本軍は、相当手ごわい戦闘をやらなければならなかったであろう」と称賛している。

総督は降伏の際の会談で最後まで自分自身は納得していなかったが、そういう態度も含めて「敵ながらあっぱれ」という風に映ったのだろう。実際に、当時この様子を取材していた記者団が書いた戦記にも、総督の様子は太々しいながらも相当な人物として描かれている。

この総督は、既に総督の任にあること五年半、四十七、八歳でそれに抜擢されただけに、オランダでも恐らく相当の人材であろう。今日こゝへ出掛けてくるまでにも、バンドン郊外の瀟洒たる別荘街が見る影もなく叩き潰され、道路は破壊され、その両側には戦死した蘭人の死体が、列をなして横たわっているのを、その目で見て来たに違いない。しかもいささかも動じた色なく、背広のまゝで、悠然とやってきて、悠然と去ってゆく。その場でこそ憎々しい感じはしたが、さすがに、と思われる点もあった。(24)

ともあれ、こうして今村率いる第十六軍はジャワを攻略し、蘭印軍を下したのである。

軍政の始まり

昭和十七(一九四二)年三月十日、今村は軍司令部と共にバンドンに入城した。今村のもとで参謀長をつとめた岡崎清三郎は、バンドンのことを「この世の天国」と呼んでその素晴らしさを讃えている。

農産、鉱産、あらゆる天然資源に恵まれている。米は、一年に二回もとれるし、茶は、一年中芽を摘んでいる。樹木は、日本の十倍の早さで成長し、草が一年中生えているから、同じ面積の原野で、日本の四倍の牛馬が飼える。砂糖あり、ゴムあり、キニーネあり、チークもあり、農産物としては、世界で最も恵まれている。その上、島

内の方々から石油も出る。小国オランダは、この宝庫から搾取して、三百年の栄華を続けたのだ。(25)

これからこのインドネシアを統治するために、今村らが行うのが「軍政」である。軍政は、三月七日に出された「布告第一号　軍政施行に関する件」に基づいて行われる。六条からなるこの布告の中でも重要なのは、第一条である。すなわち、

第一条　大日本軍は同族同祖たる東印度民衆の福祉増進を図ると共に大東亜共同防衛の原則に準拠し現地住民との共存共栄を確保せんことを期し差当り東印度の治安を確立し民衆をして速かに安居楽業せしめんが為に東印度占領地域内に軍政を施行す。(26)

この布告に続いて重要なことがらは、インドネシアでオランダからの独立運動を行なっていた運動家をどのように取り扱うか、ということであった。当時、インドネシアで著名な独立運動家はのちに独立インドネシアの初代大統領となるスカルノ、および副大統領となるハッタである。

当時軍政部にいた斉藤鎮男によれば、「依らしむべし、知らしむべかず」（民衆が政府を頼るようにし、余計な知識をつけさせないようにすること）の故智に習うか、独立運動家の信頼と協力を得て民衆を動員し、彼らの目標と軍政の目標をともに達成するかの考え方があったという。そしてこの二つの考え方の対立は、今村が司令官のうちは問題にならずにすんでいたのである。(27)「異民族」を統治するにあたって、今村の配慮は細かいところにまで及んだ。特に気にしたのは、現地住民の習慣を重視することである。

「今村軍政」

当時、日本人はすぐに人の頭を殴る悪い癖があったが、インドネシア人にとっては頭は神のやどる場所であり、頭を殴るという行為は禁物だったという。今村は、わざわざ訓示を出してこれを禁止させた。(28)

今村の軍政方針も、当初から司令部全体に通じていたわけではない。三月十日、司令部がバンドンに入り、セシルホテルの一室で幕僚会議が開かれた。この時、若い参謀の中には後に緩和政策に出るとしても、軍政当初は日本軍の権威を認識させるために強圧政策に出るべし、と主張する者がいた。これに直接反対したのは、軍政部の実質的なトップである中山寧人大佐である。

「軍政の方針は、各軍出征のとき、中央から示達されている『占領地統治要綱』に明示されてる通り、公正な威徳で民衆を悦服させ、軍需資源の破壊復旧、それの培養、接収を容易迅速にするものでなければならない」

これには高嶋辰彦、原田義和、岡崎清三郎らも同意を唱えた。ここで触れられている「占領地統治要綱」とは昭和十六（一九四一）年十一月二十五日に出された「南方作戦に伴う占領地統治要綱」のことで、ここには、

二　軍政は治安の恢復重要国防資源の急速取得を図ると共に軍自活の途を確保し戦争目的の達成に資するを当面の目的とす。

三　軍政施行に方りては勉めて残存統治機構を利用し従来の組織及び民族的慣行を尊重して運営を図り以て軍の負担を軽減しつつ其の目的達成を図るものとす。

七　軍政施行に方りては大綱を把握し在来の組織、慣行を尊重し民政の細部に亘る

干渉は努めてこれを避く。

などと示されている。[29] 今村は、中山の言葉を受けて次のように話した。

「軍政事項は、主として参謀副長と中山寧人大佐とがその事務を分担することになる。軍司令官もまた、中央から指令されてる通りに軍政をやって行くことに決心している。八紘一宇というのが、同一家族同胞主義であるのに、何か侵略主義のように観念されている。一方的に武力を持っている軍は、必要が発生すればいつでも強圧を加えることが出来る。だから出来る限り、緩和政策を以て軍政を行うことにする」

こうした部分に、「今村軍政」の特徴が出ているといえよう。軍政要員としてジャワの軍政に関与した斉藤鎮男は、その要点を①オランダ人民間技術者の積極的利用、②寛大なオランダ人抑留方式の採用、③行政、制度、施設の現状維持、④民族運動に対する寛容としている。[30] 今村のジャワ統治は着々と進み、当初七、八万いた部隊も後に一万まで減らすことが出来、それでもゲリラ一つも出なかったという。[31]

中央からの批判

今村らがとった「緩和政策」の一つに、教育制度の改革が挙げられる。インドネシアは、オランダ統治下ではオランダ人を含むヨーロッパ人に対する教育とインドネシア人に対する教育は分離されていたが、これを廃止。加えて、オランダ語による教育を禁止してインドネシア語のみを教育用語とする「村落学校」という教育体系のみ許可した。[32]

「緩和政策」はそれまで敵対していたオランダ人にも適用された。オランダ軍降伏後、当然彼らは抑留者となり、ある程度自由を制限されることになるが、今村は抑留所を設けず、一定の地域を区切る、という形で寛大な処置を施した。[33] 四月の中旬になると、児玉秀雄（元内務大臣）、林久治郎（元ブラジル大使）、北島謙次郎（元拓務次官）らが軍政部の顧問としてやってきた。彼らは今村の要請によって各自ジャワを視察し、三週間ほど経って所見を述べた。

「どこを廻ってみても、まるで日本内地を巡ってるような気安さでなんの危険も感じませんでした。原住民は全く日本人に親しみを寄せており、オランダ人は敵対を断念しているようにみられます。華僑に至っては、どうして日本人の気に入ろうかと迎合これつとめており、産業の回復はこれなら思ったより早くなりましょう。ジャワではたしかに強圧政策の必要はありません。ジャワ軍政を非難する者は、現地の実情を知らない、観念論に過ぎないことがはっきり認識されました」

右の言葉は、今村軍政を高く評価しているものだが、同時に「非難する者」が相当いたことを示している。実際に、その後軍中央から武藤章軍務局長と冨永恭次人事局長が視察に訪れた際は、今村と武藤の間で軍政に関する問答が交わされている。武藤はインドネシアでもシンガポール同様の強圧的な統治を行うように主張したらしい。


「すると中央は、開戦時に示達された『占領地統治要綱』を、改正したのですか」

「あれはまだそのままにしてありますが、情勢の変化上、あれを墨守する必要はありません」

「あれは、陛下の御内裁を受けた上で、各軍に指令されたものと聞いておりますが、方針の変更も内裁を経ておりますか」

「変更のことはまだ内奏しておりません。その前に中央の意図をお示しし、一体となってやり得るようにした上で、御裁可を仰ぐつもりにしております」

こうして武藤との間にいくつか問答があった後、武藤は再びシンガポールの例を持ち出した。

「シンガポールを視察しますと、〝日本国の威力ここに及べり〟の感に打たれますが、ここでは〝オランダの威令はまだ一掃されていない〟と感じられ、やがて原住民までが、オランダに対する屈服心を、もたげるかもしれません」

「十人十色に見ましょう。貴官がそう観察されることは間違いだとはいわない、見解の相違だけのことです。が、いま貴官の申された強圧政策が、新しい中央の方針として、大臣から指令されれば、軍はそれに従わなければなりません。軍紀を破ることになりますから……。しかし昨年大臣の名を以て、全陸軍に布告された戦陣訓は、ご承知のように、私が主宰して起案したものです。それにもとるものに屈しなければならんことは、私の良心の堪えられるところではありません。よって同席の冨永人事局長は、陸相に上申の上、改正された統治要綱を指令される以前に、私の免職を計らっていただきます。結論は一つです。せっかく遠路やってこられての説得ですが、新要綱の発令を見るまでは、私のジャワ軍政方針は、変えることは致しません」

その評価

こうして、今村と武藤の意見は一致せず、結局対立したまま別れることになった。参謀長の岡崎も第十六軍の白人に対する態度が寛容に過ぎるという批判があったことを証言しており、「日本人くらい感情論、観念論が多くて、実質を考えないものは、あまりあるまいと思った」と回想している。[34]岡崎が批判するように、第十六軍の「緩和政策」は単なる人情論で行われたわけではなかった。実際に、この方法が日本軍にとっても得だったのである。

当時、日本軍がジャワ統治において取り得る方法は二つあった。ひとつは、武力によって住民や捕虜から権利を奪い、奴隷的労働に従わせる軍事独裁的方法。この方法では労働によって発生する成果は自分たちへ還元されず、捕虜や住民が労働に意欲を出すことはほとんどあり得ない。したがって、日本軍は成果を上げさせるために多大な労力を割かれることになり、そのコストが高過ぎる場合は捕虜の虐待や餓死、あるいは殺戮が行われる可能性もある。すなわち、「最も非効率な人的資源利用」[35]である。

　もうひとつが、捕虜や住民に権利を一部を渡す、非軍事的独裁方法である。「穏健統治」とも呼ばれるこの方法は、捕虜や住民に労働の成果の一部を還元し、自由時間や休憩も与える。そうなると、捕虜や住民は効率的に働くようになる[36]。

「今村軍政」下のジャワでは、白人が妻子を連れて夕暮れの街を散策し、ほろ酔いの顔を潮風に当てる風景も見られたという[37]。皮肉なことに、こうした寛容な占領統治は今村自身の命を助けることになったようだ。戦後行われた戦犯裁判では、開戦時軍司令官に任じられた山下奉文、本間雅晴、今村の後任として第十六軍司令官となった原田熊吉らが死刑になったのに対し、今村のみ戦後もその生涯を全うしている。

　もちろん、これらの「戦犯裁判」に様々な問題点があり、処刑された人々がイコールその罰に値する罪を犯したといえるのかは議論の分かれるところである。しかし、同時期に同じ役割を課された人々の中で、今村のみが死刑を免れたというのは、考慮すべきことではあるだろう。

　ちなみに「今村軍政」について厳しい評価を下した人々の中でも、武藤章はその後の対応が他と異なっていた。武藤はジャワを視察した後すぐに軍務局長からスマトラにある師団長へと移るが、しばらくスマトラを視察した後、人を介して今村に次のような書簡を寄せている。

「四月、貴地に参上いたしました時は、ジャワの実状と貴軍政の実質とを究めず皮相の観察から、無作法な言辞を口にいたしましたことは、なんとも申訳なかったことと、深く慚愧いたしております。シンガポール軍傘下の師団として、スマトラ軍政を担当し、インドネシヤの従順性とオランダ人の無気力さを知り、いよいよ以てジャワ軍政の方針は、適正なものであることが判明いたしました。私は軍と中央とに所見を報告し、スマトラは、ジャワ軍政に準じ、実行することに改正しました。茲に重ねて、当時の失礼を陳謝申し上げます」

武藤は、素直に己の非を認めたのである。今村は、武藤とはこれまでにも職場を共にすることがあり、碁の相手をしたこともあったという。しかし、公事については私情を挟まず、お互いに対立することもあった。それでも、今村は武藤に対して「実相を知り、釈然と心情を披瀝してきた武藤中将の淡白さを快く受け取った」と回想している。対立することもあった二人だが、武藤には良い意味でのこだわりのなさがあったようだ。

今村の軍政はこうして進められていったが、昭和十七（一九四二）年十一月になるとジャワを離れることになる。この間、日本の戦局は重大な局面を迎えており、今村はその危機を脱出すべく新設された第八方面軍司令官に命じられたのである。

戦況の悪化

今村らの第十六軍がジャワで軍政を布《し》いている間も、当然ながら戦争の状況は刻々と変化していた。日本軍は開戦当初から陸海で順調に勝ちを収め、当初の予定をほぼ達成した。

そんな中、昭和十七年四月十八日、ドーリットル中佐率いる航空部隊が東京を空襲するという事件が起きた。これは、空母に陸軍の爆撃機を搭載し、東京を空襲してそのまま中国方面へ去ってゆくというもので、規模としては小さなものだった。

しかし、心理的な影響は無視出来なかった。特に、連合艦隊司令長官である山本五十六は空襲成功によってアメリカ国民の士気があがり、逆に日本国民が動揺することを警戒していた。実際、ドーリットル部隊の空襲について山本を非難する投書もあったという[38]。

恐れていた事態が起きたことで、以前より主張していたミッドウェー島の攻略の必要性がより強く感じられることになった。ミッドウェー島攻略によってアメリカの空母機動部隊を誘い出して殲滅することが狙いであった。

ミッドウェー島攻略作戦は六月に行われることになったが、この過程で発生したのが有名な「ミッドウェー海戦」である。この海戦は連合艦隊の大敗に終わり、四隻の主力空母と三百機以上の航空機、三千五百人もの人員を失うことになった。「戦局の逆転」とまではいかなくとも、戦勝を続けていた連合艦隊にとっては大きな挫折であった。

ミッドウェー海戦から間もない六月十六日、ソロモン諸島のガダルカナル島に、海軍の設営隊が上陸して飛行場を作りはじめた。ところが飛行場がほとんど出来上がった八月七日、艦砲射撃の後にアメリカ海兵隊第一連隊、第五連隊が上陸を開始したのである。こうして、ガダルカナル島を巡って壮絶な争奪戦が始まった。

離島の奪回となれば陸軍が動く必要があるが、当初陸軍中央部にはガダルカナルに飛行場が建設されることすら知らされていなかった。その場所すら知られていなかったガ島の奪回部隊に選ばれたのは、歩兵第二十八連隊長、一木清直大佐率いる一木支隊である。

一木支隊は二つの梯団に分けられ、一木支隊長がまず第一梯団約九百人を率いてタイボ岬へと上陸した。時に八月十八日である。一木の第一梯団は、二十一日にアメリカ海兵隊に夜襲を敢行したが、これは海兵隊の火力とすでに進出していた敵航空機の攻撃にもさらされ、あえなく全滅した。一木支隊長は軍旗を敵に渡すまいと奉焼し、自決した。参謀本部は一木支隊との連絡がとれなくなったことから二十三日に一木支隊の残存部隊と川口清健少将率いる歩兵第百二十四連隊の基幹を合わせた川口支隊をガ島に投入することにした。

川口支隊は一度は敵の空襲によって渡島を諦めざるを得なかったが、それでも三十日には川口と支隊千二百名をタイボ岬に上陸させた。九月七日までには増援も輸送し、別働隊として岡朋之助少佐が五百五十名を率いてガ島西端のエスペランス岬に上陸した。川口支隊が四千名、岡別働隊が五百五十名、一木支隊よりははるかに大きな兵力である。この兵力をもって、川口少将は飛行場を奪回すべく夜襲を敢行した。

一時は飛行場に肉薄したこの攻撃も、結局は失敗を余儀なくされた。以後、川口支隊は独力での飛行場攻撃を行うことが出来なくなった。ここにきて、ようやく大本営はこの場所の重要さに気がついた。かつて今村の指揮下にあった第二師団は当時第十七軍の下にあったが、これをガ島奪回に派遣することにしたのである。もうひとつ、これもかつて今村と共にジャワ攻略に参加した第三十八師団もガ島へ向かうことになった。

これらを統括する第十七軍には中将の百武晴吉が任ぜられ、さらに大本営から派遣参謀として辻政信中佐、杉田一次中佐らもかけつけた。こうして万全の陣容を整えたかにみえた日本軍は、十月二十四日、飛行場への夜襲によって攻撃を開始した。

しかし、やはりこの攻撃も米軍の火力に阻まれ、二十六日には中止せざるを得なかった。すでに制海権、制空権ともに敵に握られており、日本軍の物資は欠乏するばかりだった。弾薬はもちろん、食料や医療品も届かず、病に倒れ、痩せ衰える兵士が続出した。

さらに中央ではガ島へのさらなる増援のために船舶徴用を主張する参謀本部と、国力造成のためにこれ以上の船舶徴用を認めない構えの陸軍省が対立。ついには、第一部長の田中新一が東條首相の前で暴言を吐いたり、軍務局長の佐藤賢了と殴り合いを演ずるなど醜態をさらし、中央から遠ざけられることになった。この危機に対処するために新設されたのが第八方面軍であり、その司令官として選ばれたのが今村だったのである。

今村が十一月十五日東京の参謀本部を訪ねると、総長の杉山から次のような任務を言い渡された。

「貴官は、南西太平洋に反攻してきた連合軍に対し、

一、近く支那戦場から、ラバウル方面に転送される、第六、第五十一の両師団をひきい、現にガダルカナル島で、苦戦中の第十七軍（司令官百武中将、第二、第三十八師団を主幹とす）を併せ指揮し、同島に在る米軍を撃砕せよ。

二、近くニューギニア方面に輸送する第十八軍（司令官安達中将、第二十、第四十一両師団を主幹とす）をも統率し、現に東部ニューギニアに苦戦中の堀井混成旅団を併せ指揮し、同方面の豪軍を撃砕せよ」

こうして、今村の権限と責任はより大きなものとなり、広大な太平洋でアメリカをはじめとする連合軍と向かい合うことになった。

「ガ島」の攻防

今村が指揮下に入れるはずだった第三十八師団だが、この時すでに輸送中敵航空機と潜水艦の襲撃を受けており、ほとんどの輸送船が沈没した。ガ島に上陸出来たのは、師団長以下わずかの人員だけだった。杉山から新しい任務を言い渡された翌日、今村は宮中に召し出され、拝謁を受けた。

「南東太平洋方面よりする敵の反攻は、国家の興廃に、甚大の関係を有する。速かに、戦勢を挽回し敵を撃攘せよ」

今村は「憂色を漂わせ給える玉顔」を拝し、なんとしても任務を完遂しなければならない、という思いを強くしたのである。

十一月二十日未明、今村は参謀長となる加藤鑰平中将以下の参謀、副官を率い、海軍の水上飛行艇で横浜を飛び立ち、四千五百キロ離れたニューブリテン島のラバウルに向かった。翌日は連合艦隊の泊地であるトラック島に立ち寄り、司令長官の山本五十六と打ち合わせも行なった。

二十二日、今村はついにラバウルに到着した。今村は中国方面から増援に来る二個師団を待ち、自ら奪回に行くまで健闘してくれ、と連絡すると、第十七軍司令官の百武中将からは、次のような電報が届いた。

「既に糧食の補給を受けざること半月、それ以前の少量給与と相まち、大部分は栄養失調におちいり、饑餓による戦死者、日日平均百に及び、攻撃行動に堪え得る体力を保持する者、ほとんど皆無なり。軍は密林内塹壕により、辛うじて敵の攻撃を撃退しあり、敵は我が頑強なる防戦に恐れ、陣内に突入し来らざるも、熾烈なる弾幕を浴びせ、とくに其の航空戦力を以て、補給を遮断し、我が全員の餓死を待ちあるが如し」

これから島を奪回しようというのに、増援を待っているうちに第十七軍が壊滅してしまっては意味がない。今村らは海軍とも協力し、なんとか物資の輸送に骨を折っていた。しかし、敵の制海・制空権下ではどうしてもうまくいかない。輸送には速力の早い駆逐艦などが使われていたが、損害が重なる。十二月のある時、海軍側の責任者が今村に、海軍本来の任務でない糧食の輸送で損害が増えるのは作戦に支障をきたすので、「遺憾ながら」これ以上の糧食の輸送はあきらめてほしい、と訴えてきた。

「そう致しますことはガ島の奪回を断念することになります。ガ島の占有は海軍のため絶対必要との主張ではじめられ、それへの糧食補給は、海軍で保障されることとなってるように承知しております。このために駆逐艦の多くが蒙る損害につき憂慮されるお気持ちはよくわかります。海軍においてもガ島の奪回は諦めると決意され、大本営から私共の任務を変更してまいればともかく、そうでなければ、出先き指揮官だけの独断で、このことを決めることはいかがのものでしょう……」

確かに、そもそもの発端は海軍側がこの島に飛行場を建設したことにある。今村も、ガ島への輸送が非常に困難であることは理解していた。それでも、今村の任務はあくまで敵の「撃攘」であり、ガ島の奪回である。ここにジレンマがあった。

玉砕か撤退か

一方で、前述したように中央ではガダルカナル島を巡って参謀本部と陸軍省の対立があり、作戦部長の田中新一が南方軍司令部附に、作戦課長の服部卓四郎が陸相秘書官に更迭されるという事件が起こった。さらには、十二月十二日、現地海軍側からもガ島奪回について次のような申し入れがあった。申し入れを行なってきたのは、第八艦隊参謀の神重徳大佐である。

今や海軍はガ島確保の自信はない。大本営からも近い中に命令が来るであろう。ガ島に対しては、従来要求せられている次期攻撃計画とともに、撤退計画を立案することが必要と考える。[39]

海軍の方では、ガ島をすでに諦めていたのである。ただし、今村の方にもガ島を簡単に諦めるわけにはいかないという理由があった。「全般のため一部を犠牲にする」ことを「戦場の常」として理解はしていたが、それでも感情の上でガ島三万人の兵士の餓死を見過ごすわけにはいかない。いざとなれば、自らガ島に赴いて兵士と運命を共にしようと決意していた。

ガ島の状況については、大本営派遣参謀として第十七軍にいた杉田一次からも説明があった。杉田は説明を報告書の形にして方面軍首脳部に配り、ガ島奪回の望みはなく、「次善の策」を検討すべきとして自分自身で説明もしたが、「奪回」の命令を受けている今村らには受け入れられなかった。それでも、杉田は今村について、

極めて困難な立場におかされていた。出征に当り天皇より直接「ガ島」奪回の大命

をいただき、今や、これに基づき努力を傾注すべきや、或いは次善の策を講ずべきやの岐路に立たされたわけである。

と理解していた[40]。十二月下旬になると、新しく作戦課長となった真田穣一郎の一向がラバウルを訪れた。この時、方面軍参謀の井本は「個人としては［ガ島奪回は］相当難しいと思う」と率直に述べ、参謀長の加藤は「海軍はガ島に対して自信は無い」と海軍側が奪回を諦めているさまを強調した。そして今村は、次のように発言した。

> 海軍は陸軍の航空に手頼りたいと云う気持ちになりあり。真に意外なり。ガ島は何れにしても至難、仍りて死中に活を求むるの策なきやを研究せしめつつあり。転換はこちら丈けで謂えるものに非ず。中央は海軍との関係をも考えられ、大局的に定められ度。唯如何なる場合に於ても「ガ島の者は捨てて了うのだ」と云う考を持たれずに、或時期に於て出来る丈けの人々を救出出来る様に考えて貰い度。之が漏れたら、ガ島の人々は皆一度に切腹して了うであろう。機密保持に注意あり度[41]。

右をみても、今村がガ島奪回の至難を十分承知していたことがわかる。そして、それ以上に「ガ島からの撤退」が難しいこともわかりながら、「見捨てる」という手段は避けようとしていた。大本営で正式に決定されれば、一刻も早く、少しでも多くの兵士を撤退させようとしていたのである。参謀本部でも、人員の交代でその機は熟しつつあった。

方針転換

年が明けて、昭和十八（一九四三）年一月四日。前年田中新一の更迭で新しく作戦部長となった綾部橘樹がラバウルを訪れた。午後四時、今村の官邸にて綾部から「㋘号」作戦の説明を受けた。同席した参謀副長の佐藤傑少将はその日記に「情勢の急転に驚く」と記している。[42]

「㋘号」作戦とは、他ならぬガダルカナル島撤退作戦である。今村に対して大陸命（大本営陸軍部命令）にて「第八方面軍司令官は海軍と協同し現に「ガダルカナル」島に在る部隊を後方要地に撤収すべし」と命令が出たのである。[43]「㋘号」作戦の打ち合わせはそれから連日行われた。一月十日、その作戦要旨がガ島の第十七軍司令官に打電され、十二日には連絡のために佐藤、井本の二人の参謀がガ島へと渡った。

撤収作戦は、二月の初め、新月の夜を選んで行われる予定だった。それまでの期間は手段を尽くして食料を送り、現陣地から撤退場所まで（約二十キロ）を歩けるだけの体力を付けさせなければならない。敵の襲撃を避ける重要性はもちろんのこと、それ以前にジャングルの中を歩けるだけの体力を回復させなければならなかったのである。

ガ島への糧食の輸送は、ドラム缶に物資を詰め、それを高速の駆逐艦で運ぶという手法がとられていた。「ネズミ輸送」と呼ばれたこの方法では大量の物資を送ることは出来なかったが、他に方法がなかったのである。井本は、今村が時折ドラム缶に糧食を詰める作業場へ行き、自らもカンパンの袋を詰めている姿を目撃している(44)。

さらに、撤退を援護するために矢野桂二少佐率いる臨時編成の約七百五十人がガ島へと派遣されることになった。大隊は第三十八師団の補充兵からなる部隊で、いずれの兵士にも実戦の経験はなかった(45)。ガ島に上陸した井本らは、現地の悲惨な状況を目の当たりにした。道には腐乱死体が横たわり、すでに白骨化しているものもある。名ばかりの「野戦病院」の多くはただ地面に樹皮を敷き、椰子の葉か携帯天幕を気休め程度の雨避けにしている。杖を頼りに歩ける者はまだよく、多くは糞尿も垂れ流し状態であった(46)。

井本は軍司令部に辿り着き、方面軍の方針を伝えた。ガ島からの撤退は二月一日を第一次とし、二月七日の第三次撤収をもって完了した。大規模な撤退作戦であったが連合軍側に気取られることなく、ガ島からの撤退を果たした。とはいえ、ガ島での損害は非常に大きなものとなった。戦死者は五千～六千人、その三倍となる一万五千人ほどが餓死、戦病死したとされる。つまり、戦没者の大部分がマラリア、栄養失調、下痢、脚気といった補給の失敗から命を落としたのである。生還者は一万人ほどだった。

生き残ったものの責任

ガダルカナル島の戦いは一つの島嶼を巡る争いに敗れたというだけではない。補給の軽視、火力不足、情報収集の不徹底など、日本陸海軍、特に陸軍の内包していた弱点を一気にさらけ出すような戦いだった。

撤収が終わったあとの二月十日、今村はラバウルの南方、ブーゲンビル島にあるブインに第十七軍将兵を見舞いにいった。青白く痩せ細った兵隊を見た今村は、「生ける死屍」という言葉を想像せざるを得なかった。百武軍司令官は余人を交えず今村と話がしたいといい、夜分、今村のもとを訪れた。

「部下の三分の二を斃し、遂に目的を達せず、他方面戦場から閣下までを煩わし、事態を収拾していただいたような戦例は我が国の戦史上にはないことです。武人として、こんな不面目のことはありません。ガ島で自決すべきでありましたが、生存者一万人の運命を、見届けないで逝くことは、責任上許されないと思い、恥多いこの顔をお目にかけた次第です。恐れ入りますが、今後の始末は、どうか方面軍でやっていただき、私が敗戦の責任をとることをお認め願います」

百武は、己の責任の重さを十分に自覚し、ガ島よりの撤収が終わった以上は、自らの命を断つことの赦しを今村に乞うたのである。

「お気持はよくわかり、自決して罪を詫びることも、意義があります。お止めはいたしません。唯その時機につき、参考のため私の考えを申しておきます」

そうして今村はガ島の「英霊のため」後世に残すための記録を書くべきこと、ガ島の死者、特に餓死者は軍部中央部の過誤によって起きたこと、英霊たちの死の記録をきちんとその遺族に伝えること、そしてかつて乃木希典が連隊旗を敵に奪われる屈辱を忍んで死期を遅らせたことを述べ、「どうか自決の時機の選定を、熟考されることを希望します」と結んだ。百武は涙を流してこれを受け入れ、時機を選ぶことを約束した。

しかし、それから一年ほど経って不幸にも百武は脳溢血のために半身不随の身となってしまった。今村は、「あの時思い通りにさせていたら、こんな事にならんですんだのだろうに」と深く後悔している。

今村にとっても、長い軍歴でガダルカナル島を巡る攻防は格別なものがあったようだ。戦後のことだが、今村のもとを訪ねた目白学園女子短期大学教授の和辻夏彦は、訪問した際の様子をある座談会で次のように語っている。

いま陸軍の悪口をいったけど私が「愛国心」という本をつくりましたときに、今村均さんにお目にかかったが立派なものですね。真夏ゆかたを着て休んでいられたのが、さっそくゆかたにはかまをはいて会ってくだすった。私は初対面で年からいっても、格からいってもぺいぺいなんですけれども、それで丁重に本気で録音をとってくだすった。ガダルカナルの話なんかするときには泣いちゃうんです。帰りには奥さん

と二人で門の外まで丁重に送ってくだすって、こっちはどうしていいかわからないくらいでした。(47)

こうして、ガ島戦は多くの教訓を残して終わった。今村は、昭和十八年四月、ラバウルで陸軍大将への進級を伝えられた。母から陸軍を勧められ、自らは明治天皇への国民の崇敬心をみて陸軍を志した今村少年は、ついに軍隊で最高の階級にまで上り詰めたのである。その時祖国の存亡を賭けた戦争は、まさしく強い逆風が吹きはじめる時だった。

第五章
祖国の敗北

爆撃されるニューブリテン島のラバウル（1944年3月）
出所：80-G-220342（National Archives）courtesy of the Naval History & Heritage Command

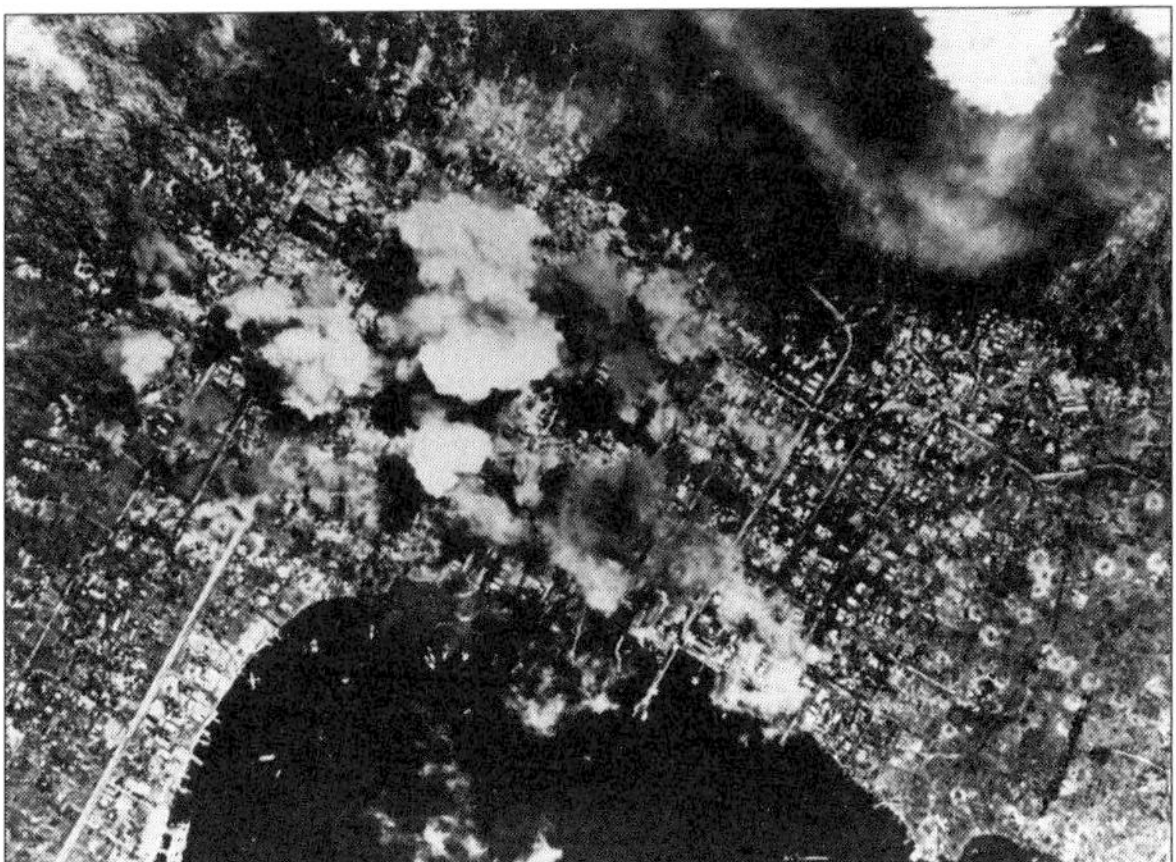

自給自足に向けて

ラバウルのあるニューブリテン島は東京から五千キロ近い彼方にあり、現在はパプアニューギニアの領土を形成している。

この場所が攻略されたのは昭和十七（一九四二）年の一月二十三日で、トラック諸島と共にアメリカ軍を邀撃《ようげき》するための拠点、また西太平洋の制海権を確保する上での重要拠点とみられていた[1]。

海軍側で、この方面を担当するのは南東方面艦隊司令長官の草鹿任一（中将）である。今村が第八方面軍の司令官として着任する少し前、昭和十七年十月八日に第十一航空艦隊司令長官としてやってきた。草鹿は今村と共に終戦までラバウルの海軍側代表者としてとどまることになる。

ガ島戦後、今村は今後の戦局を見通したラバウルおよび自分が担任する地域の防衛態勢について考えなければならなかった。今村が統括するのは司令部のラバウル（ニューブリテン島）があるビスマルク諸島ばかりでなく、東部ニューギニアにも及ぶ。当然、これらの島々の連絡は海空や電信による他なく、連合軍反攻の最前線に立たされる方面軍としては、「補給」の問題は深刻だった。

今村は、昭和十八（一九四三）年二月十四日、ガ島撤収後に方面軍司令部の将校に対し、自分の経験を交えながら「自給自足」について語った。まずは中国戦線での経験である。南寧の戦いでは長期間補給が途絶えた前線から「食糧は無いが、弾を先に送ってくれ」と要求されたことから、「戦は体力よりも、精神力が第一主義のものだ」と考え、東京に戻ってからこの点を上奏した。今回のガダルカナルやニューギニアでは兵隊は餓死しても敵に降参はしなかった。

しかし、兵隊を飢えさせてしまっては「軍人軍隊の、国家に対する最高の義務である戦勝が、得られない例を、今度こそまざまざと見せつけられた」という。

「諸士も承知のように、中央は方面軍に対し、ガ島奪回攻撃の中止を命ずると同時に、ラバウルを中心としニューギニアにわたる地域の要点を確保し、連合軍の北進を阻止する新任務を課して来た。彼我の空中戦や、毎日の敵機の猛爆撃を見ている諸官は、もはや制空権は、敵のほうに傾きかけてることを自覚されているだろう。だから早晩、祖国からの輸送船が、軍需諸品をはこんで来ることは、出来なくなると覚悟すべきだ」

それでも方面軍司令部は兵士を飢えさせないようにしなければならない。そのために経理部は食料、獣医部は馬糧と蹄鉄、軍医部は薬と治療資材、兵器部は武器弾薬の現地補給を分担し、現地を視察して実行可能の具体案を作成して参謀長経由で提出せよ、と今村は命じたのである。

実は、今村の現地での自給自足計画は前年（昭和十七年）の十二月から始まっていた。この年の十二月二十一日、経理部長の森田親三（主計少将）は軍医部長と共に今村から次のような要求を受けた。

「ガ島方面の今日までの戦況から判断するに、米海空軍の威力は予期以上のものがある。このままの情勢で推移するならば、ニューブリテン島方面の日本軍は、やがては南海の離島に孤立することになるかも知れない。私は今から最悪の事態に対処すべき万全の策を立てて置きたいと思う」

そして今村は現地住民（カナカ人）が何を食べているか、また日本人がそれを食べて生活していけるか調査研究してもらいたい、と述べたのである。[2]「自給自足」といっても急に出来ることではない。それも、戦争の渦中であれば単に食糧だけというわけにはいかない。今村は、その必要性をまだ戦争の帰趨がわからない時点から考えていた。

海軍との連携

前述の通り、南太平洋における海軍側の責任者は南東方面艦隊司令長官の草鹿任一である。陸海軍は当然ながら指揮系統が異なり、ラバウルでも今村の方が年齢、階級ともに上であるにもかかわらず、立場としては並立していた。

加えて、草鹿はかなり気性が激しかった。陸海共同作戦の打ち合わせでは今村と侃侃諤諤の議論をし、その声は別の部屋にも響くほどだった。また、敗戦時に降伏文書に調印する際もオーストラリア軍が今村を日本軍全体の代表者として指名したにもかかわらず、「陸軍に海軍の降伏の権限を委すことはできない」と突っ張り、連名でサインした。[3] 今村もこういう時にはかつての地が出たからこそ、激しい議論になったのだろう。

しかし、こうした両者の議論は私情が絡んだものではなく、後腐れはなかったようだ。

特に、ラバウルでは陸軍七万人、海軍三万人しかも島嶼で持久戦となれば自然と様々な面で陸軍に教えを乞う必要もあり、草鹿としては海軍の立場が悪くなることも考えなければならなかったであろう。そのため、「海軍の立場」は常に強調する必要があったと思われる。

実際に、草鹿は回想の中で食糧の欠乏を来たした時、生産された食糧を今村が「極力均等に配分するようやかましく指令され、お蔭でわれわれは非常に助かった」と感謝している(4)。

今村も草鹿も終戦後一時期までは同じ戦犯収容所にいたが、昭和二十一（一九四六）年七月に草鹿だけオーストラリアに送られることになった。その時、今村に二人きりで話がしたいと言われた草鹿は、運動場で次のような会話を交わしたという。

「今日までお互いに苦楽をともにして来て、今かような有様になってお別れするのはまことに残念です。あなたとは時に議論をしたこともあるが、あなたは得な性分で口角泡を飛ばしてやってもその次に会った時はケロリとして何もかも忘れた顔である。ところが私は色々努力しても性格上どうしてもそうは行かぬのでつい失礼をしたこともあると思う。どうか悪しからずおゆるしください。これからあなたも何処へ行かれるか知れず随分御苦労なさることと思うが、決して短気を起こさず、御自重あって無事に帰国され、国家のために一層尽力されるよう祈ります。……僕は何だか悲しくなった……」

草鹿もこれを聞いて悲しくなり、しばらくして応答した。

「それはこちらからお詫び申し上げなければなりませぬ。私こそ生来の短気でつい先輩のあなたに対しても時々失礼なことを申し上げたりしまして、まことに相すみませんでした。しかしただ熱心の余りで、もとより他意のないことはあなたもよく御承知のことと存じますから、どうか悪しからずお許し下さるようお願いします。あなたもどうか御健康に御注意下されて、御無事御帰還のほどを祈ります」(5)

今村と草鹿の連携は、衝突はしても心のそこではお互いをわかり合っていたといえよう。また、今村が自伝に書いているように、「自分の欠点」をずっと気に病んでいたことを証明するエピソードでもある。

自活

今村は自給自足――以後は「自活」と呼ぶ――を可能にするために、様々な手をうった。自活計画としてそれぞれの兵団が計画を作り、毎旬その進捗度を報告させることにした。しかし、輸送船がラバウルに入ってくる間は実行が計画より遅れがちだった。人間の真理として、やはり「まだ物資の輸送がある」と考えると、どうしても安心してしまうのだろう。

しかし、現地で自活態勢が確立する前に輸送船が入って来られなくなるか、もしくは連合軍の反撃があるかもしれない。今村はラバウル付近七万将兵の三カ月分の食糧を軍需物資の倉庫に入れ、一切手をつけないようにした。

輸送された物資を使わず、すでに各部隊に配給された物資のあるうちに、農耕で収穫を得なければならないように仕向けたのである。これには今村自身も協力し、自ら二百坪ほどの土地を耕した。

今村から自活計画の調査研究の要請を受けた森田経理部長は、早速カナカ人の食生活を調べてみた。するとカナカ人は野生の果実芋類を採取して生活しており、耕地といえば数百名のオーストラリア人や華僑の食を支える農園と白人投資の椰子林バナナ園ぐらいしか

ないことがわかった。(6)

これでは、十万の日本軍の食糧を賄うことは出来ない。そうなると、軍では独自にジャングルを開拓し、耕作するしかなくなる。

森田は陸軍省に農業技術者の派遣を依頼した。そうして送られてきた技術者、参謀と協力して自活計画を策定し、さらに農機具、労務者の派遣も頼んだ。やってきた農事指導員は農業報国連盟五十人、台湾奉公団百七十人、労務者はインド、インドネシア、広東などから四千人などだった。さらには、農作物の種子として陸稲、甘薯、なす、かぼちゃ、大豆、大根、小松菜、農機具は鎌、鋸、釜などである。森田らは、次のような計画を立てた。

（一）主食は陸稲と甘薯の作付により、副食は養鶏、養豚と野菜の栽培により、調味品は海水より採る塩とヤシの実から採る油をもって充足する。

（二）開墾耕作面積は一人当たり主食のため六十坪、野菜のため十五坪とし総面積二千五百町歩を目標とする。

（三）開墾耕作中主食は軍が一括して実施するも、野菜は各部隊ごとに行う。

（四）ラバウル地区において軍の経営する農場は、タボ、タブナ、ウナリマ、タウリル、ルナパウ、ウルプナの六箇所と予定し、貨物廠、兵站司令部が主体となって実施に当たる。

（五）以上実施のため必要とする農事指導員、労務者、種子、農具等は計画にもとづき三月上旬までに現地に到着するよう陸軍省に追送要求する。

（六）指導機関として、軍経理部内に「現地自活班」を設置し、軍参謀太田少佐を軍経理部兼務とし、軍経理部長の指揮下に入らしめる。現地自活班は野村一彦主計少佐を班長とし、見習士官（幹部候補生出身）四名を配属する。

（七）給養人員は、ラバウル地区陸軍六万五千人、海軍二万人、ボーゲンビル島一万五千人合計十万人と予定する。(7)

こうして、自活計画は立てられ、のちの輸送途絶に備えることになったのである。

地下要塞

今村が、自活以外にも気をつかったことはある。その一つが、「士気の維持」であった。当時第八方面軍で通信司令官だった谷田勇（中将）は、戦後角田房子に次のように語って

いる。谷田によれば、今村は戦闘訓練に非常に熱心だったらしく、

私のような通信関係の者まで多くの時間をとられ、まことに迷惑だった。なにしろ通信隊は連日非常に忙しい。それだのに大将は戦闘、戦闘といわれる。そこで私は、若い時から親しい三十八師団長の影佐さんに『敵はラバウルを飛び越えて、ニューギニア北部のホーランジアをとり、今はもっと西へ進んでいるじゃないか。今さら後方にあるラバウルなんかに、大犠牲を覚悟で来るとは思われん。今村さんは戦闘、戦闘といい続けているが、おかしいじゃないか』

と聞くと、影佐はこれに答えて、

「おかしいと思うだろうが、あれは士気をたかめるためだ。もう敵は来ないと思えば、たちまち皆の気がゆるみ、秩序が乱れ、収拾のつかないことにもなろう。常に精神の緊張を保って、一致団結の集団生活を送らせるには、『敵が来るぞ』と軍司令官が叫び続ける必要があろう」(8)

こうして、今村は最後まで戦闘訓練を怠らず、ラバウルの統率を全うした。ラバウルは日本側にとって重要拠点ではあったものの、連合軍はこの場所の攻略を避け、先に進んでいたのである。

その理由の一つとして、「ラバウルを攻略した際の損害」が攻略した場合の利益に見合わないということが挙げられる。

ラバウルは敵の上陸こそ受けなかったものの、爆撃は何度も受けた。今村の司令部も被害を受けたことがあり、その経験から例え一トンの爆弾を落とされても耐え得る、洞窟の防空壕が作られた。今村の司令部は昭和十九（一九四四）年四月にラバウル市街から東南約十キロ地点に移った。「図南嶺」と名付けられたこの場所は、司令部の人員約一千人が収容可能で、作戦室、参謀部などが設置された。

病院施設もすべて地下化され、十五カ所の病院は五千五百人が収容可能だった。すべて手作業で行なった洞窟陣地の建設であったが、その総延長距離は四百五十キロにも及んだという(9)。結果として、ラバウルの将兵は敵を迎えても相当な打撃を与えてみせる、という自信に満ち溢れた。当時、軍医少尉としてラバウルにいた古守豊甫は、次のように記す。

穴を掘る動物にも比すべきラバウル十万将兵が、満三年間、掘りに掘り、築きに築いたここラバウル要塞は、古今東西に比類なき堅固なものとして、南溟の一角にあってあたりを睥睨していた。これは築城専門家の言にして、決して誇張ではない。要塞は厳として海陸両正面に向かってその偉容を誇り、正確なる試射、測量も終り、圏内に入り来る敵艦は、百発百中の命中弾を浴びねばならなかった。しかもこれらはいずれも椰子の樹を伐って組んだ大洞窟の中に、引張り込めるという用意周到さの中にあった。太い砲身が強烈な太陽に輝いている光景は、今もなお筆者の眼底に強く焼き付いて離れない。将兵の意気、気魄は物すごく肉を切らせて骨を切らんとし、一人十殺の念に燃えていた。海岸陣地にはドラム罐に黄色薬を充塡した地雷を敷設し、自動的に爆発せしむる如くした。(10)

武器弾薬も工夫した。いくら食糧があり、地下壕をめぐらせても武器がなければ戦闘は出来ない。火薬類も製造することにした。例えば、黒色薬の材料となる硫黄。これは火山の火口から採取した。木炭は適当な木を指定して中隊が作業にあたり、硝石も技術将校が知恵を絞って集めた。こうして製造された火薬は、終戦までに四トンに及んだ(11)。

こうして、輸送なき太平洋の孤島としては出来得る限りの準備を整えて「その時」を待ったラバウルだが、ついに敵を迎え撃つことなく敗戦を迎えることになったのである。

敗戦を迎える

昭和二十(一九四五)年八月十四日、今村らは陸軍大臣から、翌十五日正午から詔勅を放送するので「同時これを謹聴すべし」との電報を受け取った。翌日、(今村が)数名の幕僚とともに防空壕内の無線電信所で服装を整え、詔勅を拝しようとしたが、天候か何かの原因で聴取出来なかったという。

今村が、「敗戦」を知ったのは同日の午後三時ごろのことだった。参謀の一人が、今村の部屋に入ってきて一通の文書を机の上に置いたのである。それは海軍大臣が南東方面艦隊司令長官に宛てた詔勅伝達電報の写しであった。内容は、いうまでもない。

今村は、翌十六日午前十一時、全直轄部隊長六十名に司令部壕に集まるように命じた。泣くまいと思っても、自然に涙がこぼれる。さすがにその夜は眠れず、防空壕の外に出て夜空を眺めた。あれほどやってきた敵機の姿も、その日は見えなかった。

翌日、今村は今度は洞窟ではなく竹林の中にある大きめの集会所に集まった部隊長たちを前に、浄書した詔書を読み上げた。「堪え難きを堪え忍び難きを忍び」で有名な、あの文書が読み上げられると、さすがに半ばで嗚咽の声が漏れてきた。[12]

ラバウルは敵中に孤立しながらも、「ガ島」の轍は踏まず、二年間生き続けたのである。戦争中、通信すら困難な祖国から遠く隔たった島で、軍隊という組織が生き抜くには単に「食料だけあればいい」というわけではない。指導者の能力は非常に重要である。「現地自活」において調査研究の中心となった経理部の森田は、次のように回想する。

内地等から補給が断たれ、未開の荒野に戦いながら、七万の将兵が生き得たことは、素より各部隊長を中心として将兵協力一致奮闘の結果であることは言う迄もない。しかし今村大将が十七年十二月、逸早く将来を予見し現地自活を決定し諸般の準備を整え、よく指導督励して総力を結集された成果によることが極めて大で、私は若しその決断と実行が一年おくれ、ラバウルが孤立してから気づいてその策を採られたとしたならば、現地自活は万事手おくれとなり、将兵は食糧の不安から名状し難い混迷に陥ったであろうと思い、今村大将の卓見と非凡な指導力に多大の敬意を表して止まないの

である。(13)

第六章 果たしきった責任

1950年1月23日、横浜港に帰国、敬礼する今村均
提供：毎日新聞社

敗戦からの戦い

昭和二十（一九四五）年八月十五日、「ポツダム宣言」を受諾する旨の玉音放送が流れ、九月二日には日本、連合軍それぞれの代表がミズーリ号艦上にて降伏文書に調印することで戦争は終わった。太平洋各地で日本軍は連合軍側に降伏し、今度は終戦に関する仕事が始まる。

今村たちのいるラバウルにはオーストラリア軍が進駐してくることになり、第八方面軍はその管理下に置かれることになる。それに対する不安ももちろんあった。何せ、「敗戦」「占領」の経験がないのであるから、当然だろう。

今村の司令官としての責任はまだ終わっていなかった。部隊長の前で詔勅を読み上げた直後の八月十七日、彼らに対してこれからの指針となる訓示を与えた。今村は「今や建国以来未曾有の国歩艱難に会し層一層の苦難に突入せんとするに方り」、祖国復興のために必要な心構えを示した。中でも特に必要と思われる部分を挙げると、

二、（イ）厳正なる軍紀と敬礼とを維持し（ロ）愈々上下の精神的団結を鞏固ならしめ

（ハ）服装態度を端正にし（ニ）身体を壮健且清潔に保持し（ホ）近く停戦協定交渉の為上陸し来るべき敵軍将兵をして衷心より我が正整たる威容と日本民族の優秀性とに感佩せしめ以て皇軍の名誉を保全せざるべからず。之が為には絶対に喪家の犬の如き卑屈に陥ることなきと共に礼節を失せざる荘重の態度を保持すること切要なり。

三、軍紀は平時及順境に於ては能く威と理とを以て之を維持し得べきも現実の如き比類なき感情の興奮時に於ては特に涙を以て相互の悲運に同情し骨肉の至情を以て部下を慰め励ますこと肝要なり。若し夫れ自暴自棄苦難に堪えず上長の指導に反して軍紀を害するものあらんか断乎としてこれを処断し以て軍隊の健全を確保すべし。(1)

すなわち、今村は終戦直後の混乱を回避するため、平時以上に軍隊組織の秩序維持に注力したのである。

今村は訓示の結びで「大楠公」、つまり楠木正成の精神に学び、この屈辱と困難に堪え、「堂々たる態度行動が常に国民を奮起せしめ其の復興精神を鼓舞するに至らんことに努め以て聖旨に副い奉らんことを期すべし」と励ましている。今村の訓示は一兵卒まで伝達され、今後の目標が明確にされることで喪心状態の将兵も次第に生気を取り戻すにいたった。[2]

今村は言葉を発するだけではなかった。実際に、自ら鋤をふるって畑を耕した。六十歳になる陸軍大将が裸になって働くことで、若い人々に「ジッとしては居られない」という気持ちを起こさせたのである。[3] これはラバウルの生存者に限ったことではないが、確かに彼ら若人の中からは焦土の祖国を立ち直らせるような人間たちが現れた。戦後三菱化成工業、日本経済団体連合会（経団連）会長などをつとめた鈴木永二（第三十八師団の経理部将校）は今村を理想のリーダーとしていた。

「此の方の為ならば欣んで死ねると思った。特に不況、逆境の時の真のリーダーは卓越した先見性、洞察力は勿論であるが、最も大切なのは人間性・徳である」[4]

戦後の祖国復興を見据えた今村の指導は、確かに新しい世を つくる若人の師表となったのである。しかし、今村自身は自らの身の処し方も考えていた。

ある時、報道班員としてラバウルにいた森川賢司は、今村のいるバラックの司令室に呼ばれた。

「既に今日あることは覚悟していた。来るべき時が来たに過ぎない。今更何も慌てる必要はないのだ。全責任はわしにある(5)」

そう言って、今村は自分の幼少期のことを話しはじめた。父が裁判官で引っ越しをよくしたこと、腕白だったこと、文学少年になったこと……。その間も参謀が入れ替わり立ち替わり書類を持って報告に入ってくるので、森川は度々辞そうとした。しかし、今村は引き止めて離さない。そうして三時間ほども話す中、戦争のことは一言も喋らなかったという。森川は、ふと「若しかすると此の終戦事務が一段落つけば或は軍司令官は自決するのではあるまいか」という不安がよぎったのである(6)。

オーストラリアとの裁判

九月になると、オーストラリアの第十一師団がラバウルに進駐してきた。以後、今村以下の将兵はこの師団の管理下に置かれることになる。オーストラリア軍は日本軍を武装解除した後、様々な作業に従事させることにした。

作業はオーストラリア軍宿舎の建設、道路の補修、建築材の伐りだし、墓地の整理、死体の移送からオーストラリア軍宿舎のハウスキーパー的作業など、多岐に渡った。(7)

この作業は、当然ながらオーストラリア軍の監視下で行われ、時にトラブルも発生した。その際も今村は黙認せず、細大となくオーストラリア側に抗議文書を提出していた。その甲斐もあって、オーストラリア軍による不当な行為は徐々に少なくなっていったという。(8)

十二月に入ると、オーストラリア軍は戦犯裁判を行うゆえ、日本側に弁護団を結成するように命令を出した。日本側では、第八方面軍法務部長の矢嶋昌良（少将）を団長に、陸海軍の法務部将校、弁護士資格を持つ者、翻訳、通訳、タイピストらで弁護団が結成され、十二月十一日からの裁判に臨むことになった。被告となったのは、第二十六野戦自動車廠長・高屋守三郎（大佐）以下六十九名である。

昭和二十（一九四五）年も終わろうとする十二月三十日、今村はオーストラリア第十一師団長イーサー少将に会見し、日本人の取り扱いについて申し入れを行なった。

「戦争犯罪容疑者として刑務所に引かれた私の部下は、一人を除き他はことごとく支那人、印度人、インドネシヤ兵補、それに原住民など賃金労務者かまたは間諜行為に対する不法取扱いを問われているのだが、これらは日本国法によって裁かるべきものであり、戦争犯罪をもって裁判さるべき者ではない」

オーストラリア側の責任者だったイーサー少将はこれに対し、「本問題は、連合軍最高指揮官に提出すべきものと思料するにつき、同司令官宛の文書を作成するよう」促した。これを受けた今村は、「戦争犯罪に関連する印度人等の身分に関する申告」をマッカーサー宛に提出した。この文書では右の主張をさらに詳しく述べた後、次のように結んだ。

「連合軍がこれを飽くまで戦争犯罪と認められるならば、仮令その行為が予の意図外のものとするも、これは指導監督の地位にある軍司令官の全責任にして、部下将兵個々の負うべきものに非ずと確信す。故に予を速やかに裁判に付し、多数将兵の裁判を打ち切られるならば、この方が正義人道上一層公平なりと思料せらるるを以て特別の理解ある処置を採られんことを申請す」(9)

死を免れる

今村はこうして自ら責任を取る旨を連合軍側に要請した。三月になってオーストラリア側の師団長が交代すると、再度自身の戦犯収容所への収容と裁判の開始を申し入れている。今村の願いは叶えられ、四月には容疑者として戦犯収容所に送られることになった。

しかし、ここで前述の森川が危惧したことが実現してしまう。今村は同年七月二十七日、毒薬とカミソリを使って自決を図ったのである。この事実が発表されたのは、翌昭和二十二（一九四七）年三月、今村が証人として出廷した時だった(10)。

幸い今村は一命をとりとめ、死刑囚の独房に隔離されることになった。自決理由を取り調べたオーストラリア軍との通訳を行なった片山日出雄大尉（海軍）が記すところによれば、今村の自決理由は次のようなものであった。少し長いが、左に引用する。

一、停戦の詔勅の出たのは、各方面最高指揮官の一人として、職責を完うしなかった為である。

二、即ちアドミラルティ島、フィンシュハーフェンを連合軍に衝かれ、日本進攻の防御線を破られたことは、最高指揮官の責任である。

三、終戦と同時に自決すべき身であったが、十万の将兵を内地に帰還せしむべき義務を負いしも、幸い豪軍当局の援助により復員を無事完了せり。

四、然しながら約五百の部下が戦犯者として収容された。これはマタイ伝に言える一匹の迷える羊に当り、余は彼等の心の力となるべき責任を感じた。

五、海軍最高指揮官草鹿中将が他方面に連れられて行きてより、余も何時此の地を離るゝか予測できず。

六、十万の将兵の眠れるこの地を離るゝ能わず、地下の彼等の霊に合し度い。

七、昭和十六年六月南支方面最高指揮官たりしとき、広東にて劇薬を購入せり。

八、余の作戦地域は福建省より、仏印国境に迄及べり。一月の中大半は飛行機により作戦指揮を行いたり。

九、余の飛行機が何時敵地に不時着するやも知れず、負傷等の為、両手使用不能にして自決不可能なる時に備え劇薬を常に携帯せり。

十、四月二十八日、余の入所時、此の毒薬を持込むことに成功す。

十一、停戦の一周年に当る八月十五日に自決を決行する予定なりしも、戦犯公判も大半は終了し、余も何時他の場所に連行されるやも知れざる為、七月二十六日夜、実行することとせり。

十二、七月二十六日夜十一時――十二時頃、毒薬を服用（致死量の二倍）安全カミソリの刃にて頸動脈を切断せんと試みたり。

十三、夜明け頃、手当により意識回復し、自決の失敗なることを知る。

十四、毒薬が長年月の為薬効を失いしものと認めらる。

十五、余はラバウルに於ては豪軍当局に迷惑を及ぼすことその他の理由に依り自決は再度決行出来ざるも、余の信念はこれが為毫も変ることなし。[11]

片山大尉は東京外国語大学で英語を学んでおり、第一期予備学生として海軍に取られた。片山は、今村の自決の意図をオーストラリア側に伝えることが自分の大きな仕事であり、「外語で学んだ英語が、現在程最も善き目的の為に用いられて居る時はありません」と記している。[12]

死生観の変化

今村は、敗戦時の虚脱状態ではなく、しっかりと時期を見据えて自ら命を断とうとした。しかし、毒薬にカミソリを使ってもそれは失敗してしまった。この経験は、今村に死生観の変化をもたらした。

戦後、自衛隊が出来た後になるが、防衛大学校の学生（冨澤暉、のちの陸上幕僚長）が今村を訪ねて「私も軍人になりますので、死生観を確立しなければならないと思います。死生観について教えて下さい」と聞いたことがあった。今村は、「私には死生観をお教えすることはできません」と言い、次のように答えた。

「恥ずかしいことですが、実は、私はラバウルの始末が一応ついた時に、自決しようとして、失敗してしまいました。飲んだ薬が古くなっていて効かなかったのです。考えて見れば防空壕で爆撃を受け左右に座っていた人がなくなり、私だけが怪我一つせず助かったこともあります。それ以来、死というものを自分で決めることは出来ない、と考えています(13)」

今村は数度の命の危機に見舞われ、自決にも失敗することで「死」を天に委ねることにしたのである。かといって、死から積極的に逃れようとするわけでもなかった。オーストラリアでの戦犯裁判は今村に十年の有期刑を科したが、今度はオランダが今村を裁判にかけたのである。昭和二十三（一九四八）年五月、今村は飛行機でラバウルを離れ、インドネシアのバタビアにある収容所に容れられた。

オランダにしてみれば、植民地とはいえ自国を降した敵将である。オーストラリアからわざわざ移送して新たに裁判にかけるということで、当然ながら厳しい裁判が予想された。

今村が移送されたインドネシアは日本の敗戦直後に独立を宣言しており、これを再び支配しようとするオランダと独立戦争を行なっていた。こうした状況下で、インドネシアの初代大統領となっていたかつての独立運動の指導者スカルノは、今村が死刑に処されるかもしれないという噂を聞き、密かに使いを送ってきた。

スカルノの密使は今村に「もしあなたが自由の身になるのをお希みでしたら、言ってください。あなたをつれ出して、安全の身にしろというのが大統領の命令です」と伝えたのである。今村は、これになんと答えたか。

「私は武器を持たないオランダ人を殺した罪もなければ、いかなる残虐行為をしたこともない。しかし、一人の高官として何であろうと、私はひるまず直面するつもりである。あなた方の大統領に感謝と、そしてよろしくと伝えてくれたまえ」[14]

こうして、今村はスカルノの誘いを断り、オランダの裁判を受けることにした。この時点でオランダ側に処刑される可能性も十分考えられたと思うが、今村はその運命から逃げようとはしなかったのである。

スカルノは今村救出こそ諦めたものの、その処刑を回避すべく手を打った。スカルノは、彼が「祖国のために心から戦った本当の軍人」と評価する今村のために、当時の蘭印総督に対して次のような警告を送った。

「もし今村を処刑したら、私は世界にラジオ放送して、公然とあなたがたの罪もない婦女子に対する残虐の数々を告発するであろう。私ははっきりと世界に向かって、あなた自身が戦争犯罪を犯してきたのだと証明する」[15]

昭和二十四（一九四九）年三月十五日、オランダの検事は予想通りというべきか、今村に死刑を求刑した。今村本人は、「他の将官はともかく、私だけはきっと死刑を判決するだろう」と考えていた。無論、死刑にあたるような罪を犯したつもりはなかったが、状況から考えれば、そうなるだろう。

判決を言い渡されたのは、同年十二月二十四日のことである。判決の言い渡しは、かつての部下岡崎清三郎、丸山政男の二人と同時だった。

「蘭印軍臨時軍事裁判は、被告日本陸軍大将今村均に対する起訴の犯罪事実は、その証拠これ無きものと認定し、無罪を判決する」

岡崎、丸山両名に対する判決も同様だった。かくて今村たちは、オーストラリア軍によって下された残りの刑期だけを過ごすため、久しぶりの日本へと送還されることになったのである。

日本、そしてマヌスへ

昭和二十五(一九五〇)年一月二十三日、今村は他の日本人とともに横浜港に上陸した。

おそらくは彼自身も生きて帰れるとは思っていなかったであろう、久しぶりの祖国である。彼らは焼け跡の街を自動車で駆け抜け、巣鴨へと向かった。

しかし、今村が自らに科した責任は、まだ果たしきれていなかった。まだ蘭印での判決が出る前に、マヌス島のオーストラリア刑務所で服役している畠山国登（海軍中佐）から、今村の東京の留守宅に手紙が届けられた。これは国際赤十字社を経て蘭印の今村の手に届けられたものである。

「今村大将がラバウルの豪軍刑務所から蘭印刑務所にうつされた直後、我々ラバウル刑務所の全員四百人はマヌス島の刑務所へうつされました。マヌス島というのは東ニューギニアの北方赤道直下近くの島、高温多湿、気候不順な土地で、みんな非常に難儀をしています。またどういうわけか、いままでよかった刑務所長の取りあつかいが非常に悪くなり、一日八時間であった労働時間が九時間になり、食物は極端に粗悪、こんな条件のもとに毎日働かされていては、我々四百人のうち半分は日本へ帰れないようになってしまいましょう」

実際、今村に対するオーストラリア側の対応は、かなり好意的だったようだ。ラバウルで今村の弁護を担当した山本光顕が戦後次のように語りのこしている。

豪軍は今村大将に対してはその最高指揮官としての指揮振りからもまた終戦後における最高指揮官としての態度からも好意を持っておってくれた。法廷でもゼネラル今村として敬意を示していた。(16)

その今村がラバウルから移送されたことで、残された者たちに対するオーストラリア側の対応が悪くなったというのである。

蘭印で無罪の判決が下された際、今村はすぐにでもマヌス島に送ってくれるよう、オランダ軍当局に頼み込んだ。しかし、オランダ軍は今村を巣鴨へ返すことはアメリカ、イギリス、オランダ、オーストラリア四軍当局の決定であり、変更は許されないと突っぱねたのである。

しかし今村はあきらめなかった。巣鴨に収容された後、ダグラス・マッカーサーのもとには各国軍の連絡班があり、その中にオーストラリア班もあることが判明したのである。

今村は、妻を通じてこのオーストラリア連絡班に幾度か陳情し、ついにマヌス島行きを許可されることになった。今村は、誰もが帰りたがった祖国を後にして、自分の刑期が終える最後のその時まで、部下たちと共にある道を選んだのである。

果たしきった責任

昭和二十五（一九五〇）年三月四日、今村は再び海を越え、ニューギニアのマヌス島へとやってきた。彼はラバウルでの現地自活の経験から、多くの野菜の種などを持参していた。四百人の受刑者たちは、今村を歓呼の声で迎えた。今村はここで持ってきた野菜の種を分け与えて農作業にいそしみ、将兵の心の支えとなった。昭和二十八年八月にマヌス島の収容所は閉鎖され、今村と他の収容者たちはようやく祖国の土を踏むことになる。

巣鴨で残りの刑期を過ごした今村は、昭和二十九年一月、やっと自由の身となった。それでも、彼は最後まで自分の責任を放棄しなかった。世田谷豪徳寺の自宅の一隅に「謹慎小屋」と称する三畳一間の小屋を建て、ここで余生を過ごしたのである。

謹慎しているといっても、元陸軍大将である。人が訪ねてくることもあれば、呼ばれて出ていくこともあった。時には、自衛隊関係者などが今村の名声を慕って訪れることもあった。今村は反自衛隊的な風潮も強かった時代、「じっと我慢をして、そして頑張ってくれ」などと彼らを励ました。当然、旧部下が訪ねてくることもあったが、中には怪しげな理由で支援を求めてくるものもあった。そうした際、騙されていると誰かが注意しても、今村は意に介さなかった。「私は多くの部下を死地に投じた身です」と。[17]

今村がその生涯を終えたのは、昭和四十三年十月四日のことだった。今村はこの日敬愛する乃木希典を祀った乃木神社境内の「乃木将軍と辻占売り少年像」碑の題字を書いた後入浴し、居間に戻った際に心筋梗塞で世を去った。晩年は多少健康を害することはあったが、その最後は穏やかなものだった。

かつてラバウルで今村の部下だった太田庄次は翌日五日に今村死去の報を聞き、すぐに自宅へとかけつけた。家人に案内されて座敷に横たわっている今村を目の前にした太田だが、不思議なことに悲しみを感じなかったという。

しかし、それは凡人にたいしての言葉であり、大将の場合は、昨日の大将もきょうの大将も、神さま、仏さまであることに変わりなく、ただ生理的に心臓の鼓動が停止したことが違っているにすぎないのだ。つまり、生き神様の呼吸が止まり、お声が聞けなくなったというだけのことである。大将はいまも生きておられるという感じであった。私はもう一度合掌した。[18]

先見の明

戦争末期、今村はすでに戦後を見据えた指導を行なっていた。昭和二十（一九四五）年六月ごろ、今村は方面軍の若い中、少尉を集め、戦闘とは直接関係のない技術教育（講座）を開始した。今村は講座を開くにあたって、「日本陸軍の科学技術を軽視した精神至上主義が今日の日本の悲運を招いた」と陸軍を批判し、講座開設の目的を語った。

「将来ある若い君達に科学技術についての認識を深めてもらいたいために行うのである[19]」

また、戦争が終わってオーストラリア軍の管理下に置かれた後も、将兵に旧制中学校卒業程度の学力をつけさせるために、一般教養科目の教科書・資料を編纂させ、部隊ごとに適任者をもって臨時の教育を行わせた。[20]早くに「現地自活」に舵を切り、将兵を飢えさせない工夫を行なったことを含め、今村は現実を適切に判断し、これから必要となるものや技術を判断する能力があったといえるだろう。

また、冒頭で述べたように、今村の指導方法はいわば「民主的」ともいえるものだった。高嶋辰彦が言うように「任せっ切りのロボット型ではない。かといって独裁専断的なワンマン型でもない」という指導法は、日本の政治や経済において最も適当なものではないだろうか。自分の意見を部下に周知し、合意形成を図ってから方針として決定するという方法は、決断は早くても修正がしづらい独裁とも、時にリーダーシップ不足で危機に対処出来ない部下任せの形式とも異なり、現在から将来にかけての日本でも採用が可能な方法だろう。今村がイギリスの「デモクラシー」を正確に理解し、共感を示したのもこうした彼自身の指導法と無縁ではないだろう。

そして今村の最も特徴とする部分として、将兵に対する「仁徳」を欠かすことは出来ない。それは、彼の戦後における身の処し方で明らかであるが、戦時中も「兵を大切にして欲しい」と士官たちに説き、キリスト教や仏教の教えを交えながら、「尊い命であるだけに無駄にしてはならない」と述べたのである。(21) それが単に言葉の上のことだけではなく、真実として感じられたからこそ終戦時の混乱でも秩序を維持し、戦後も彼を慕う部下たちが跡をたたなかったのではないだろうか。
もちろん、今村はなんであっても部下を庇ったわけではない。時には、厳しい態度をとることもあった。例えば、終戦後今村がまだラバウルにいた時（昭和二十年十二月）、ある憲兵軍曹が強姦拷問の罪で死刑判決を受けたことがあった。本来であれば上訴するはずだが、今村は特に憲兵曹長がこのような事件を起こしたということに激怒し、この軍曹についていた弁護士（法務大尉）に上訴を禁じている。[22]
しかしこれも、序章で述べたように、今村がかつて志賀先生の「敵の軍人でない人民は皆、この松崎大尉のように親切にいたわってやるのが日本人の本当の心」という話に感動したことを思えば、当然だといえる。
今村はしばしば、回顧録の中で自分の欠点に触れている。小さなことで腹を立てる、という幼少期からの欠点については特に晩年まで気にしていたようだ。時には、そうした欠点が表面に出ることもあった。ただし、欠点が表に出るのも相手が陸大卒のエリート将校相手の場合が多かったようだ。これも序章で述べたが、水木しげるのような兵士には暖かく接した。ラバウルでは保線作業に夢中になっている兵士に自分から「ご苦労さん」と声をかけ、敬礼して彼らを感激させている。[23]

修養を忘れなかった人

彼は生涯に渡って我が身を反省し、修養を怠らなかった。先に紹介した井本熊男が関東軍参謀副長の時と師団長の時の今村に格段の成長を感じたように、修養によって自分の能力を磨いていった。現在も彼の人気が高く、その著書が時代を重ねても読み続けられているのは、人は常に成長を続けることが出来るという単純でありながらも大切な教訓をその人生で証明しているからではないだろうか。

今村は、若い頃から新約聖書と歎異抄を座右から離さなかった。それは戦後になっても変わらず、ラバウルの収容所にいた頃もそばに置いていた。ある時、部下の谷田勇が「閣下は、クリスチャンですか」と尋ねたことがある。すると今村は笑いながら、「そうじあ《（ママ）》ないが、修養として読んでいる」と答えた[24]。

当時の軍人が宗教書を耽読することは珍しくはないが、今村の特徴はそれが長年月に及んだことと、東西二つの宗教の教典を併読していたことだろう。今村自身、歎異抄と聖書には「同一程度の感激を覚える」と述べており、宗教の違いの根底にも共通の価値観があることを指摘している。

そして、こうした違った宗教をそれぞれ尊重しつつ、どちらかに偏することなく「修養」として読んでいたというのは、やはり今村の人間的な特徴のひとつだといえるだろう。

今村均という人間は一見平凡にみえながらも指導者として欠いてはならない修養を重ね、大東亜戦争という日本最大の危機に可能な限り対処した。戦争そのものは今村、というより一個人の能力の及ばぬ部分で敗北してしまったが、自分の権能が及ぶ範囲ではその責任を全うしたのである。

最後に、ジャワ攻略を今村のもとで参謀として経験した岡村誠之の今村評を紹介したい。少し長くなるが、今村に対する評価だけでなく、その人物像を通して日本の未来にまで言及している。

今村大将はよく軍人らしくない軍人といわれた。がそれが、単に穏やかで優しい人柄とか、広い知識を身につけた話題の多い文化人というだけであるならば、この人の真の人間的価値にふれるものでない。彼が当時の軍人の類型にはまらぬ、また軍事の上だけから軍事と人生と国家とを考えなかった軍人であったことを確認する時において、初めてこの人の生が現代日本の再生の為に光芒を放つのである。なぜなれば現代日本の政治家・学者・評論家・作家・軍人・実業家の極めて多くは、その本来の軌道から余りに外れており、専門だけの専門に得々として却て専門を冒瀆しているからである。（中略）素直なこの人は、わが心の至らなさを正直に確認し痛感していた。そうして只管に心の道を求めて親鸞の教を讃仰したのは当然であった。そこに彼のもう一つの至高の精神的価値、謙虚さがあった。彼は一世を通じて内心のたたかいを戦い続けた。彼は貧困と人事上の逆境に屈せず、戦場では十数倍の敵を五十日間言語を絶した苦闘の中に支えて屈せぬ勇将であった。（中略）われわれは今村均大将の稀有の人格を追慕し讃仰し、この人の素志をついで危急に瀕するこの祖国を護り抜かねばならぬ。然しながら、ある人を偶像的に扱い一辺倒的にその人のあらゆる思想学術的要素までも礼賛することは、却て将軍の素志に反するものであることを知らねばならぬ。今日はこの日本が抜本的にその思想学術を反省検討し、この国本来の学術と兵学を維新すべき時である。そうすることによって、地下の至純な将軍のみ魂は、限りない喜びを以てわれわれわれに協力してくれるであろう。(25)

あとがき

今村均を、「聖将」「聖人」のように崇める人もいる。本書でも言及したように、第八方面軍時代に参謀として使えた太田庄次は、今村を「神さま、仏さま」とまで述べている。生前の今村の謦咳にふれ、生死をともにした人々がそのように思うのは不自然ではない。自分たちの命を預けて悔いなき指揮官に対する、正直な気持ちだろう。

しかし、現代人が今村を「聖将」といえば、否定するに違いない。高宮太平宛の手紙に「他人などに自白し得ない罪のおぼえも消えない」と書いた今村である。自伝でも自分の過ちを告白しているが、なお語り得ない「罪のおぼえ」もあったと思う。

ただ、古今東西の「名将」と呼ばれた指揮官も、間違いを犯さなかった人などいないだろう。ナポレオンですら、最後は敗北してその地位を失っている。

書ききれなかった部分もあるが、今村も戦争においていくつかの判断ミスをし、時には過酷な命令を下すこともあった。終戦後は責任をとろうと自決を試み、失敗してからは最後まで部下たちと苦楽をともにし、自由の身となってからも「謹慎」して余生を過ごした。

今村は、すぐれた素質の持ち主ではあっただろうが、「天才」というタイプではない。

だからこそ自信過剰に陥ることなく、反省と修養を忘れなかった。それが本人を成長させ、ついに大東亜戦争での日本側の数少ない「名将」に数えられるようになった。

誤解を恐れずにいえば、今村は「偉大な平凡さ」といえるようなものを持っていた。彼の自伝が多くの人に読み継がれ、今も名著としての価値を保っているのは、人々が無意識のうちに今村の「偉大な平凡さ」を感じとっているからではないだろうか。今村のように生きるのは非常に難しいとは思うが、「目標」として持つことはできる、そのような感覚を抱かせる。

今村は指揮官能力以上にその「仁徳」面で言及されることが多い。しかし、今村がそのような徳を磨き得たのは、軍人としての経験があったからに他ならない。もともとの性質が軍人としての経験によって磨かれるとともに、その性質が指揮官としての今村を作り上げたのである。「仁徳」は合理的な統率を可能にした。冷静な現状認識は「自活」によって兵士たちを餓えから救うことになった。「人間今村」の美点は「指揮官今村」としてもしっかりと活きたのである。

筆を擱くにあたり、推薦して頂いたノンフィクション作家の保阪正康氏に感謝申し上げる。保阪氏はご存じの通り、昭和史関係に多くの業績がある。

また、筆者の知人である桑原雅弥氏、日本大学大学院博士後期課程で日本史専攻の柴本一希氏には史料についてご教示頂いた。そして、PHP研究所の藤木英雄氏には前著『服部卓四郎と昭和陸軍』に続いて大変お世話になった。文責が筆者にあるのは当然だが、書籍が出来上がるまでにはさまざまな人の尽力による。併せて感謝申し上げる。

早いもので、筆者の単著は本書で七冊目となった。ここまでお付き合い頂いた方、また数多くの本の中から拙著を手に取って頂いた方に、心からお礼申し上げる。

令和五年七月

岩井秀一郎

注

序

（1）桜井英治「歴史に法則性はあるのか」東京大学教養学部歴史学部会編『東大連続講義　歴史学の思考法』（岩波書店、二〇二〇年）二頁。
（2）高嶋辰彦「今村均大将」今井武夫、寺崎隆治他『日本軍の研究・指揮官（下）』（原書房、一九八〇年）二九一頁。
（3）菊澤研宗『組織の不条理――日本軍の失敗に学ぶ』（中央公論新社、二〇一七年）一七七頁。後述するが、今村は「デモクラシー」について深い理解を持ち、戦争においてもデモクラシーが培った「公徳心」が強力な武器となることを理解していた。

第一章

（1）日本小児泌尿器科学会ウェブサイトによる。 https://jspu.jp/ippan_012.html
（2）朝日新聞一九四二年三月十日付朝刊三頁。
（3）読売新聞二〇〇四年九月二十日付一一頁。
（4）西浦進『昭和戦争史の証言　日本陸軍終焉の真実』（日本経済新聞出版社、二〇一三年）一九一頁。
（5）同右。

第二章

（1）伊藤隆監修、百瀬孝著『事典　昭和戦前期の日本　制度と実態』（吉川弘文館、一九九〇年）三一八

〜三一九頁。
(2) 塚本清『あゝ皇軍最後の日』(非売品、一九五三年)二六四頁。
(3) 同書二六六頁。
(4) このエピソードは、板垣征四郎の伝記である板垣征四郎刊行会編『秘録 板垣征四郎』(芙蓉書房、一九七二年)九一〜九三頁にも引用されている。
(5) その後、弟は騎兵科へと進み、陸軍有数の馬術家になった。昭和七年ロサンゼルスオリンピックの馬術競技にも日本代表として出場している〈松下芳男編『山紫に水清き 仙台陸軍幼年学校史』(仙幼会、一九七三年)二八四頁〉。
(6) 角田房子『責任 ラバウルの将軍今村均』(筑摩書房、二〇〇六年)一六九頁。
(7) 梅津美治郎については拙著『最後の参謀総長 梅津美治郎』(祥伝社、二〇二一年)を参照。
(8) 尾崎義春『陸軍を動かした人々』(八小堂書店、一九六〇年)一五〇頁。
(9) 今村均「外国駐在中の所感(一)」『戦友』第一四一号(帝国在郷軍人会舘出版部)二七〜二八頁。なお、同趣旨の記事は『軍事警察』第十六巻第六号にも収録されている。
(10) 第一次世界大戦でのドイツとの戦い(青島要塞戦など)を指す。
(11) 今村「外国駐在中の所感(一)」二八頁。
(12) 同記事三〇頁。
(13) 今村均「外国駐在中の所感(二)」『戦友』第一四二号一一頁。
(14) 同右。
(15) 同記事一二頁。

(16)同記事一三〜一四頁。
(17)同記事一五〜一六頁。
(18)同記事一七頁。
(19)角田房子前掲書五三二頁。ただし、角田は乃木希典を批判した司馬遼太郎を「現代に生きるリベラル」とした上で、乃木を擁護する「一九四五年（昭和20）までの陸軍内のリベラル」今村の、司馬との「どうしようもない違い」に言及している。
(20)元帥上原勇作伝記刊行会編『元帥上原勇作伝　上巻』（非売品、一九三八年）三頁。
(21)高宮勝代『木犀（高宮太平を偲んで）』（非売品、一九六七年）一五二〜一五三頁。
(22)西春彦監修『日本外交史　第15巻　日ソ国交問題１９１７−１９４５』（鹿島平和研究所、一九七〇年）一〇三頁。
(23)今村均「日露条約と宣伝問題」『戦友』第一七八号（帝国在郷軍人会本部）一五頁。
(24)同記事一六頁。
(25)大達茂雄伝記刊行会『大達茂雄』（非売品、一九五六年）七一頁。
(26)永田については拙著『永田鉄山と昭和陸軍』（祥伝社）参照。
(27)川田稔『昭和陸軍全史1』（講談社、二〇一四年）七七〜八〇頁。
(28)角田順編『石原莞爾資料（増補版）国防論策篇』（原書房、一九八四年）二一頁。
(29)同書七六〜七七頁。石原の主張は、同書内の「満蒙問題私見」（昭和六年五月作成）による。
(30)高橋正衛解説『林銑十郎　満洲事件日誌』（みすず書房、一九九六年）九頁。
(31)稲葉正夫、小林龍夫、島田俊彦、角田順編『太平洋戦争への道　別巻　資料編』（朝日新聞社、一九六三年）一一九頁。
（32）高杉洋平『昭和陸軍と政治　「統帥権」というジレンマ』（吉川弘文館、二〇二〇年）七八頁。なお、宇垣の計画関与について高杉は「明確なクーデター計画に賛成していたとは考えづらい」としている。理由は宇垣のパーソナリティー、さらに当時の宇垣がそこまでのリスクを冒す必要性がない、というものだが、同時に「ある程度はこれを黙認し、利用しようとしていたことは否定しがたい」とも指摘している（同書七八頁）。
（33）中野雅夫『橋本大佐の手記』（みすず書房、一九六三年）六一頁。
（34）有竹修二編『荒木貞夫　風雲三十年』（芙蓉書房、一九七五年）四四〜四五頁。
（35）秦郁彦『軍ファシズム運動史』（河出書房新社、一九六二年）三五頁。
（36）中村菊男編『昭和陸軍秘史』（番町書房、一九六八年）六八頁。なお、今村の自伝では金竜亭に案内したのは岡村寧次ということになっているが、荒木の回想では名前は出ていないものの「若い将校だったか」（『風雲三十年』四七頁）に案内してもらった、となっているので、おそらく馬奈木のことだと思われる。
（37）有竹編前掲書四九頁。
（38）稲葉ら編前掲書一六三頁。
（39）和田盛哉「追想　今村大将と宮崎中将」『丸別冊　回想の将軍・提督』（潮書房、一九九一年）二九九頁。

第三章

（1）河辺虎四郎『河辺虎四郎回想録』（毎日新聞社、一九七九年）四八頁。
（2）同右。

（3）皇道派、統制派という派閥分類には様々な見解があるが、ここではひとまず従来の分け方に沿って記述する。
（4）土橋勇逸『軍服生活四十年の想出』（勁草出版サービスセンター、一九八五年）二四二頁。
（5）橘川学『嵐と闘ふ哲将荒木――「『陸軍裏面史・将軍荒木の七十年』の下巻」（荒木貞夫将軍伝記編纂刊行会、一九五五年）五頁。
（6）国立国会図書館憲政資料室蔵「荒木貞夫関係文書」三九。
（7）水交会編『帝国海軍提督達の遺稿：小柳資料：敗戦後十余年海軍の中枢が語った大東亜戦争への想い』（水交会、二〇一〇年）二六〇頁。
（8）永田鉄山の殺害（相沢事件）については拙著『永田鉄山と昭和陸軍』参照。
（9）渡辺については拙著『渡辺錠太郎伝』参照。
（10）田浦雅徳、古川隆久、武部健一編『武部六蔵日記』（芙蓉書房出版　一九九九年）一一一頁。
（11）同書一一八頁。
（12）広中一成『ニセチャイナ』（社会評論社、二〇一三年）一一六～一一七頁。
（13）同書一二六～一二七頁。
（14）田中隆吉『裁かれる歴史』（長崎出版、一九八五年）二八～三一頁。
（15）同書三二頁。
（16）武藤章『比島から巣鴨へ――日本軍部の歩んだ道と一軍人の運命』（中央公論新社、二〇〇八年）三一頁。
（17）森久男訳『徳王自伝』（岩波書店、一九九四年）一六七頁。
（18）同書一七二頁。

(19) 広中前掲書一九八頁。
(20) 前述の通り、石原は当時まだ作戦部長ではない。
(21) 額田坦『陸軍省人事局長の回想』(芙蓉書房、一九七七年) 四二八頁。
(22) 角田房子前掲書『責任』二二一頁。
(23) 同右。
(24) トラウトマン工作については拙著『多田駿伝』(小学館) 参照。
(25) ノモンハン事件については拙著『服部卓四郎と昭和陸軍』(PHP研究所) 参照。
(26) 角田房子前掲書二三二頁。
(27) 防衛庁防衛研修所戦史部『戦史叢書　支那事変陸軍作戦〈3〉昭和十六年十二月まで』(朝雲新聞社、一九七五年) 四四～四五頁。
(28) 同書四五頁。
(29) 同書四五～四六頁。
(30) 同書五六～五七頁。
(31) 同書六〇～六三頁。
(32) 同右。
(33) 同書六七頁。
(34) 井本熊男『支那事変作戦日誌』(芙蓉書房出版、一九九八年) 三四七頁。
(35) 佐藤賢了『軍務局長の賭け』(芙蓉書房、一九八五年) 一五七頁。
(36) 井本熊男「わが将軍の回想尽きることなし――今村均大将を中心として――」『丸別冊　回想の将軍・

提督』二八六～二八七頁。今村の司令部の様子は佐藤『軍務局長の賭け』にも記載されている。「自動車を飛ばして南寧の師団司令部に行ってみると、衛門のところには、きれいにホウキの目がたっており、門を入ると衛兵が『敬礼』とやるのが、平時の兵営と少しも変わらない。それから玄関で車を降りて、あがって行っても司令官室はどこにあるのか、参謀はどこにいるのかわからない。静まりかえっている（佐藤『軍務局長の賭け』一五六頁）。

（37）井本同記事二八六頁。
（38）戦史部『戦史叢書　支那事変陸軍作戦〈3〉』七六頁。
（39）佐藤前掲書一五七頁。
（40）戦史部『戦史叢書　支那事変陸軍作戦〈3〉』七七頁。
（41）井本前掲書『支那事変作戦日誌』三五二頁。
（42）防衛研修所『軍の統帥統率について研修資料（研修資料別冊：第83号）』（非売品、一九五五年）一〇～一一頁。
（43）同書一一頁。
（44）同右。

第四章

（1）戦史部『戦史叢書　支那事変陸軍作戦〈3〉』八四～八七頁。
（2）岩畔豪雄『昭和陸軍謀略秘史』（日本経済新聞出版社、二〇一五年）一七八～一七九頁。
（3）「戦陣訓に関する件 通牒」JACAR（アジア歴史資料センター）Ref.C01005234000、昭和16年「来翰綴（陸普）暦年末整理 第一研究所」（防衛省防衛研究所）。

（4）石原莞爾『戦争史大観』（中央公論社、一九四一年）二二二頁。
（5）防衛庁防衛研修所戦史室『戦史叢書　蘭印攻略作戦』（朝雲新聞社、一九六七年）四頁。
（6）角田房子前掲書『責任』二五五頁。
（7）土門周平『陸軍大将・今村均』（ＰＨＰ研究所、二〇〇三年）三四〇～三四一頁。
（8）東郷茂徳『時代の一面』（中央公論社、一九八九年）三五九頁。
（9）戦史室『戦史叢書　蘭印攻略作戦』七頁。
（10）土門前掲書三四三頁。
（11）同右。
（12）斉藤鎮男『私の軍政記』（ジャワ軍政記刊行会／日本インドネシア協会、一九七七年）一二頁。
（13）今村が自分の役割を知ったのは開戦の約一カ月ほど前にすぎず、宣伝班の選考などは不可能に近い。
（14）高嶋前掲論文「今村均」二七三頁。
（15）同趣旨の発言は、南遣艦隊参謀として小沢に仕えた寺崎隆治も記録している。寺崎によれば、小沢は「なるほど第五水雷戦隊だけでは無理です。よろしい、パレンバン上陸作戦の目鼻がつき次第、私の艦隊から第七戦隊・第三水雷戦隊等の大部を分派し、応援してあげよう」と述べたという（寺崎隆治「小沢治三郎中将」寺崎、今井武夫他『日本軍の研究　指揮官（上）』原書房、一九八〇年、一五四～一五五頁）。
（16）本当は三月二十一日。
（17）水交会編『帝国海軍提督達の遺稿：小柳資料：敗戦後十余年海軍の中枢が語った大東亜戦争への想い』（水交会、二〇一〇年）二五〇頁。

(18) 土門前掲書三四八～三四九頁。
(19) 岡村誠之「将帥論　今村均（下）」『軍事研究＝Japan military review』（軍事研究社）一九七二年三月号一七二頁。
(20) 戦史室『戦史叢書　蘭印攻略作戦』四八九～四九一頁。
(21) 土橋『軍服生活四十年の想出』四六五頁。
(22) 高嶋「今村均」二八二～二八三頁。
(23) 同記事二八三頁。
(24) 陸軍省企画、東京日日新聞社、大阪毎日新聞社編纂『大東亜戦史　ジャワ作戦』（東京日日新聞社、大阪毎日新聞社、一九四二年）二五四頁。
(25) 岡崎清三郎『天国から地獄へ』（共栄書房、一九七七年）六六頁。
(26) 日本貿易振興機構アジア経済研究所ウェブサイトによる。https://d-arch.ide.go.jp/asia_archive/collections/Kishi/data/item/KC001106.html
(27) 斉藤前掲書『私の軍政記』五〇～五一頁。
(28) 岡崎前掲書七一～七二頁。
(29) 防衛庁防衛研修所戦史部編著『史料集　南方の軍政』（朝雲新聞社、一九八五年）九三頁。
(30) 斉藤前掲書五三頁。
(31) 岡崎前掲書七三頁。
(32) 早稲田大学大隈記念社会科学研究所編『インドネシアにおける日本軍政の研究』（紀伊國屋書店、一九五九年）二一三頁。

(33)斉藤前掲書五三頁。
(34)岡崎前掲書六三頁。
(35)菊澤前掲書一九五～一九六頁。
(36)同書一九六頁。
(37)伊藤正徳監修、週刊文春編『人物太平洋戦争』(文藝春秋新社、一九六一年)二六一頁。
(38)防衛庁防衛研修所戦史部『戦史叢書　ミッドウェー海戦』(朝雲新聞社、一九八三年)六二一～六二三頁。
(39)井本熊男『作戦日誌で綴る大東亜戦争』(芙蓉書房、一九七九年)二三八頁。
(40)杉田一次『情報なき戦争指導　大本営情報参謀の回想』(原書房、一九八七年)二七五～二七六頁。
(41)防衛庁防衛研修所戦史部『戦史叢書　南太平洋陸軍作戦〈2〉ガダルカナル・ブナ作戦』(朝雲新聞社、一九六九年)四三六～四三七頁。
(42)佐藤傑「第八方面軍参謀副長　佐藤傑少将のラバウル日記」(防衛研究所蔵)一～二頁。
(43)戦史部『戦史叢書　南太平洋陸軍作戦〈2〉』四四六頁。
(44)井本前掲書『作戦日誌で綴る大東亜戦争』二七九頁。(45)戦史部『戦史叢書　南太平洋陸軍作戦〈2〉』四六〇～四六一頁。
(46)井本前掲書『作戦日誌で綴る大東亜戦争』二九七頁。
(47)中野忠二郎、阿部平次郎、壹岐春記、古川哲史、和辻夏彦、北原由夫「座談会　かたちと心」日本道徳教育学会編『道徳と教育』一五四号(道徳教育普及会)六～七頁。

第五章

(1)防衛庁防衛研究所戦史室『戦史叢書　南東方面海軍作戦〈1〉――ガ島奪回作戦開始まで――』(朝

雲新聞社、一九七一年）一四～一五頁。
（2）ラバウル経友会編著『南十時星の戦場――第八方面軍作戦記録――』（ラバウル経友会、一九八五年）九六頁。
（3）野村盛弘「ラバウルの草鹿長官」『丸別冊　回想の将軍・提督』四九～五〇頁。
（4）草鹿任一『ラバウル戦線異状なし――我等かく生きかく戦えり――』（光和堂、一九七六年）二三頁。
（5）同書二四～二五頁。
（6）ラバウル経友会編著前掲書九七頁。
（7）同書九七～九八頁。
（8）角田房子前掲書『責任』三五八～三五九頁。
（9）同書三六一～三六五頁。
（10）古守豊甫『南雲詩――ラバウル従軍軍医の手記――』（金剛出版、一九六三年）三四九頁。
（11）防衛庁防衛研究所戦史室『戦史叢書　南太平洋陸軍作戦〈5〉――アイタペ・プリアカ・ラバウル――』（朝雲新聞社、一九七五年）四四〇～四四一頁。
（12）谷田勇『龍虎の争い』（紀尾井書房、一九八四年）五五〇頁。
（13）ラバウル経友会編著前掲書一〇五頁。

第六章

（1）大島義郎『さらばラバウル　最後の二百二十九聯隊』〈福々会（名古屋地方連絡所）、一九六七年〉一七六～一七八頁。
（2）同書一七九頁。

（3）森川賢司『さらばラバウル』（新星工房、一九四八年）一一八頁。
（4）阪本晴久「人間　今村　均大将を偲ぶ」財団法人偕行社『偕行』平成六年八月号四四頁。
（5）森川前掲書一一六頁。
（6）同右。
（7）ラバウル経友会編著前掲書『南十字星の戦場』四一～四二頁。
（8）太田庄次「ラバウル今村大将の統率と作戦指揮」『丸別冊　回想の将軍・提督』四六〇頁。
（9）ラバウル経友会編著前掲書四四～四五頁。
（10）「朝日新聞」一九四七年三月三十一日付朝刊第二面には「二十八日初めて発表された」とある。
（11）片山日出雄著、片山輝男編『愛と死と永遠と』（現代文藝出版、一九五八年）九二～九三頁。
（12）同書九四～九五頁。
（13）冨澤暉「戦中を（少しだけ）知る最後の寅」財団法人偕行社『偕行』平成二十二年一月号一三頁。
（14）黒田春海訳『スカルノ自伝』（角川書店、一九六九年）三二〇頁。
（15）同書三二〇～三二一頁。
（16）「今村均の担当弁護人　山本光顕所見」（国立公文書館蔵、一九五八年）四頁。
（17）原剛・戸部良一・戸高一成・黒沢文貴「帝国陸海軍軍人を語る」軍事史学会編集『軍事史学』第五十八巻第一号（錦正社）一四一頁。
（18）太田前掲記事「ラバウル今村大将の統率と作戦指揮」四六〇～四六一頁。
（19）福代知己「兵を大切にして欲しい――ある将軍の人間像――」日本鉄道電気技術協会『鉄道と電気技術』Vol.10No.4 九九頁。

(20) ラバウル経友会編著前掲書一四頁。
(21) 福代前掲記事九六〜九七頁。
(22) ラバウル経友会『ラバウル――最悪に処して最善を尽す――』(ラバウル経友会、一九八〇年)一六四頁。
(23) 外尾春雄編著『元汀洞からラバウルまで』(元独立有線第七十中隊電信第十六連隊第二中隊戦友会、一九六六年)一六頁。
(24) 谷田勇「大将と国体論」財団法人偕行社『偕行』昭和四十三年十一月号一〇頁。
(25) 岡村前掲論文「将帥論 今村均(下)」一七六〜一七七頁。

PHP新書
PHP INTERFACE
https://www.php.co.jp/

岩井秀一郎［いわい・しゅういちろう］

歴史研究家。1986年、長野県生まれ。日本大学文理学部史学科卒業。デビュー作『多田駿伝――「日中和平」を模索し続けた陸軍大将の無念』（小学館）で、第26回山本七平賞奨励賞を受賞。著書に『渡辺錠太郎伝――二・二六事件で暗殺された「学者将軍」の非戦思想』（小学館）、『永田鉄山と昭和陸軍』『一九四四年の東條英機』『最後の参謀総長　梅津美治郎』（以上、祥伝社新書）、『服部卓四郎と昭和陸軍』（PHP新書）がある。

今村 均
（PHP新書 1358）

敗戦日本の不敗の司令官

二〇二三年七月二十八日　第一版第一刷

著者――岩井秀一郎
発行者――永田貴之
発行所――株式会社PHP研究所
東京本部――〒135-8137　江東区豊洲5-6-52
ビジネス・教養出版部　☎03-3520-9615（編集）
普及部　☎03-3520-9630（販売）
京都本部――〒601-8411　京都市南区西九条北ノ内町11
組版――宇梶勇気
装幀者――芦澤泰偉＋明石すみれ
印刷所
製本所――図書印刷株式会社

ISBN978-4-569-85508-0

ＰＨＰ新書刊行にあたって

「繁栄を通じて平和と幸福を」(PEACE and HAPPINESS through PROSPERITY)の願いのもと、ＰＨＰ研究所が創設されて今年で五十周年を迎えます。その歩みは、日本人が先の戦争を乗り越え、並々ならぬ努力を続けて、今日の繁栄を築き上げてきた軌跡に重なります。

しかし、平和で豊かな生活を手にした現在、多くの日本人は、自分が何のために生きているのか、どのように生きていきたいのかを、見失いつつあるように思われます。そして、その間にも、日本国内や世界のみならず地球規模での大きな変化が日々生起し、解決すべき問題となって私たちのもとに押し寄せてきます。

このような時代に人生の確かな価値を見出し、生きる喜びに満ちあふれた社会を実現するために、いま何が求められているのでしょうか。それは、先達が培ってきた知恵を紡ぎ直すこと、その上で自分たち一人一人がおかれた現実と進むべき未来について丹念に考えていくこと以外にはありません。

その営みは、単なる知識に終わらない深い思索へ、そしてよく生きるための哲学への旅でもあります。弊所が創設五十周年を迎えましたのを機に、ＰＨＰ新書を創刊し、この新たな旅を読者と共に歩んでいきたいと思っています。多くの読者の共感と支援を心よりお願いいたします。

一九九六年十月

ＰＨＰ研究所

［歴史］

755 日本人はなぜ日本のことを知らないのか　竹田恒泰
903 アジアを救った近代日本史講義　渡辺利夫
922 木材・石炭・シェールガス　石井 彰
1012 古代史の謎は「鉄」で解ける　長野正孝
1057 なぜ会津は希代の雄藩になったか　中村彰彦
1064 真田信之 父の知略に勝《まさ》った決断力　平山 優
1085 新渡戸稲造はなぜ『武士道』を書いたのか　草原克豪
1086 日本にしかない「商いの心」の謎を解く　呉 善花
1096 名刀に挑む　松田次泰
1104 一九四五　占守島の真実　相原秀起
1108 コミンテルンの謀略と日本の敗戦　江崎道朗
1115 古代の技術を知れば、『日本書紀』の謎が解ける　長野正孝
1116 国際法で読み解く戦後史の真実　倉山 満
1118 歴史の勉強法　山本博文
1121 明治維新で変わらなかった日本の核心　猪瀬直樹／磯田道史
1123 天皇は本当にただの象徴に堕ちたのか　竹田恒泰
1129 物流は世界史をどう変えたのか　玉木俊明
1130 なぜ日本だけが中国の呪縛から逃れられたのか　石 平
1138 吉原はスゴイ　堀口茉純
1141 福沢諭吉　しなやかな日本精神　小浜逸郎
1142 卑弥呼以前の倭国五〇〇年　大平 裕
1152 日本占領と「敗戦革命」の危機　江崎道朗
1160 明治天皇の世界史　倉山 満
1167 吉田松陰『孫子評註』を読む　森田吉彦
1168 特攻　知られざる内幕　戸髙一成［編］
1176 「縄文」の新常識を知れば 日本の謎が解ける　関 裕二
1177 「親日派」朝鮮人　消された歴史　拳骨拓史
1178 歌舞伎はスゴイ　堀口茉純
1181 日本の民主主義はなぜ世界一長く続いているのか　竹田恒泰
1185 戦略で読み解く日本合戦史　海上知明
1192 中国をつくった12人の悪党たち　石 平
1194 太平洋戦争の新常識　歴史街道編集部［編］
1197 朝鮮戦争と日本・台湾「侵略」工作　江崎道朗
1199 関ヶ原合戦は「作り話」だったのか　渡邊大門
1206 ウェストファリア体制　倉山 満
1207 本当の武士道とは何か　菅野覚明

1209 満洲事変　宮田昌明
1210 日本の心をつくった12人　石　平
1213 岩崎小彌太　武田晴人
1217 縄文文明と中国文明　関　裕二
1218 戦国時代を読み解く新視点　歴史街道編集部〔編〕
1228 太平洋戦争の名将たち　歴史街道編集部〔編〕
1243 源氏将軍断絶　坂井孝一
1255 海洋の古代日本史　関　裕二
1266 特攻隊員と大刀洗飛行場　安部龍太郎
1267 日本陸海軍、失敗の研究　歴史街道編集部〔編〕
1269 緒方竹虎と日本のインテリジェンス　江崎道朗
1276 武田三代　平山　優
1279 第二次大戦、諜報戦秘史　岡部　伸
1283 日米開戦の真因と誤算　歴史街道編集部〔編〕
1296 満洲国と日中戦争の真実　歴史街道編集部〔編〕
1308 女系で読み解く天皇の古代史　関　裕二
1311 日本人として知っておきたい琉球・沖縄史　原口　泉
1312 服部卓四郎と昭和陸軍　岩井秀一郎
1316 世界史としての「大東亜戦争」　細谷雄一〔編著〕
1318 地政学と歴史で読み解くロシアの行動原理　亀山陽司
1319 日本とロシアの近現代史　歴史街道編集部〔編〕
1322 地政学で読み解く日本合戦史　海上知明
1323 徳川家康と9つの危機　河合　敦
1335 昭和史の核心　保阪正康
1340 古代史のテクノロジー　長野正孝
1345 教養としての「戦国時代」　小和田哲男
1347 徳川家・松平家の51人　堀口茉純
1350 中国三大病　石　平
1351 歴史を知る読書　山内昌之

［思想・哲学］

1117 和辻哲郎と昭和の悲劇　小堀桂一郎
1159 靖國の精神史　小堀桂一郎
1215 世界史の針が巻き戻るとき　マルクス・ガブリエル〔著〕／大野和基〔訳〕
1251 つながり過ぎた世界の先に
マルクス・ガブリエル〔著〕／
大野和基〔インタビュー・編〕／髙田亜樹〔訳〕
1294 アメリカ現代思想の教室　岡本裕一朗
1302 わかりあえない他者と生きる
マルクス・ガブリエル〔著〕／
大野和基〔インタビュー・編〕／月谷真紀〔訳〕